W0097769

EDITION
OSHO

Dieses Buch besteht aus Auszügen aus einigen von den Hunderten von Büchern, die aus Oshos Vorträgen entstanden sind. Alle Osho Diskurse sind als Originale publiziert worden und als Original-Audios erhältlich. Audios und das vollständige Text-Archiv finden sie unter der online Bibliothek „Osho Library" bei www.osho.com

2. Auflage 2007
Umschlaggestaltung: Silke Watermeier
Übersetzung: Prem Nirvano
Copyright © 2003 by Osho International Foundation, Switzerland,
www.osho.com
Osho is a registered trademark of Osho International Foundation,
Switzerland
Copyright © 2003 Innenwelt Verlag GmbH, Köln
Alle Rechte vorbehalten.

Druck: Westermann Druck Zwickau GmbH, Zwickau
Printed in Germany

ISBN 978- 3-936360-63-9

OSHO

Essen & Ästhetik

GEDANKEN ZU ERNÄHRUNG
UND BEWUSSTEM LEBEN

INHALT

DER KÖRPER hat viel Weisheit angesammelt – der Körper ist sehr weise. Wenn du zu viel isst, sagt der Körper: „Hör auf!" Der Verstand ist nicht so weise. Der Verstand sagt: „Das schmeckt so gut – noch ein bisschen mehr!" Aber wenn du auf den Verstand hörst, wird er auf die eine oder andere Art dem Körper schaden. Wenn du auf den Verstand hörst, wird er dich drängen: „Iss weiter", denn der Verstand ist töricht, er ist kindisch. Er weiß nicht, was er sagt. Er ist ein Neuankömmling; er hat noch keine Erfahrung. Der Verstand ist nicht weise; er ist dumm. Hör auf deinen Körper. Wenn der Körper sagt: „Hungrig" – dann iss. Wenn der Körper sagt: „Stopp!", dann hör auf.

Wenn du auf den Verstand hörst, ist es, als ob ein kleines Kind einen alten Mann führt – sie werden beide in die Grube fallen. Wenn du auf den Verstand hörst, wirst du dich zunächst zu sehr an den Sinnen orientieren; und dann wirst du dich voll stopfen. Die Sinne werden dich leiden lassen, die Sinne werden dir mehr Sorgen, mehr Konflikte, mehr Schmerzen bringen.

Wenn du zu viel isst, bekommst du Schmerzen und du musst dich übergeben; der ganze Körper muss darunter leiden. Dann wird der Verstand dir einreden: „Essen ist schlecht, also faste." Aber Fasten ist ebenfalls gefährlich. Wenn du auf den Körper hörst, wird er sich niemals überfressen und er wird niemals zu wenig essen – er wird einfach dem *Tao* folgen.

Einige Wissenschaftler haben dieses Problem bearbeitet und ein sehr schönes Phänomen entdeckt: Kleinkinder essen immer dann, wenn sie hungrig sind, und sie schlafen, wenn sie schläfrig sind – sie hören auf ihren Körper. Aber die Eltern lassen sie nicht in Ruhe; sie zwingen ihre Kinder: „Es ist Zeit zum Abendessen, Zeit zum Mittagessen, Zeit für dies und das, Zeit zum Schlafen – los komm!" Sie lassen den Körper nicht zu seinem Recht kommen.

Ein Wissenschaftler überließ Kinder sich selbst. Er arbeitete mit fünfundzwanzig Kindern. Man zwang sie nicht zum Schlafen, man zwang sie nicht zum Aufstehen. Sechs Monate lang wurden sie zu nichts gezwungen. Das brachte ein tiefes Verständnis. Sie schliefen gut, träumten weniger Alpträume, denn Alpträume kamen durch den Druck der Eltern. Die Kinder aßen gut, aber nie zu viel, nie weniger als nötig und nie mehr als nötig. Sie aßen gerne, aber manchmal auch gar nichts. Wenn sich ihr Körper nicht gut fühlte, aßen sie nichts, und sie wurden niemals durch Essen krank.

Und noch etwas kam dabei heraus, niemand hatte das vermutet, es war wie ein Wunder. Nur ein *Tao*-Meister kann so etwas verstehen – ein Sosan oder ein Laotse oder Tschuangtse. Es war wirklich eine große Entdeckung: Man fand heraus, dass ein krankes Kind bestimmte Speisen verweigerte. Man versuchte herauszufinden, warum es diese Nahrung nicht aß. Das Essen wurde analysiert, und es zeigte sich, dass für die betreffende Krankheit diese Nahrung abträglich war. Wie konnte das Kind das wissen? – Nur der Körper konnte das.

Während ein Kind wuchs, aß es mehr von dem, was es zum Wachstum brauchte. Man analysierte das Essen und fand heraus, dass die Bestandteile wachstumsfördernd waren. Und das Essen änderte sich immer, wenn die Bedürfnisse sich änderten. An einem Tag aß das Kind etwas, das es am nächsten Tag nicht wollte. Und so merkten die Wissenschaftler, dass der Körper seine eigene Weisheit hat.

Wenn ihr den Körper seinen eigenen Weg gehen lasst, seid ihr auf dem richtigen Weg, dem großen Pfad. Und das gilt nicht nur fürs Essen – das gilt fürs Leben insgesamt. Euer Sex ist gestört wegen eures Verstandes, eure Verdauung ist gestört wegen eures Verstandes. Ihr mischt euch in die Angelegenheiten eures Körpers ein. Lasst das! Wenn ihr es auch nur drei Monate schafft, euch nicht einzumischen, werdet ihr plötzlich gesund werden, und ihr könnt euch in eurem Wohlgefühl baden. Alles wird sich richtig anfühlen; der Schuh passt. Aber das Problem ist der Verstand.

Der Verstand hat seine eigene Aufgabe. Sie besteht darin, mit anderen in Beziehung zu treten, sich in dieser Welt zu bewegen, in der so viele Menschen leben, Auto zu fahren, die Verkehrsregeln und Vorschriften zu befolgen, keine Gefahrensituation für andere oder für sich selbst zu schaffen, vorauszuschauen und zu planen. Der Verstand ist wie ein Radar; er blickt voraus: wohin man sich bewegt, wie man sich bewegt – aber der Körper bleibt die Basis.

Die Leute, die ihren Körper missachten und ihre Sinne verkümmern lassen, werden länger zur Erleuchtung brauchen als die, die auf ihre Sinne hören und deren Rat befolgen. Wenn du auf deine Sinne hörst, wirst du einfach. Natürlich bringt dir das keine Anerkennung;

die Leute werden sagen: „Das ist ein sinnlicher Mensch." Ein sinnlicher Mensch ist lebendiger als ein unsinnlicher. Aber keiner interessiert sich wirklich für das Leben. Alle sind an toten Dingen interessiert, die sie verehren können.

Erwarte von den Menschen keine Anerkennung, denn sonst wirst du dich fehlleiten lassen. Dann werden dich eines Tages alle achten, nur du selbst kannst dich nicht achten, weil du völlig von deinem Weg abgekommen bist. Nichts stimmt mehr; alles läuft schief.

Hör auf den Körper, denn du bist hier, um diesen Augenblick zu genießen, den du geschenkt bekommen hast – dieser wunderbare Augenblick, dieser Segen, der dir geschehen ist. Du lebst, du bist bewusst – in dieser unermesslichen Welt!

Der Mensch ist ein Wunder auf diesem kleinen, auf diesem winzig kleinen Planeten. Die Sonne ist sechzigtausendmal größer als die Erde und diese Sonne ist höchstens Mittelmaß. Es gibt millionenfach größere Sonnen als diese und Millionen von Welten und Universen. Und bisher scheint es – soweit die Wissenschaft weiß – Leben und Bewusstheit nur auf dieser Erde zu geben. Diese Erde ist gesegnet.

Du weißt gar nicht, wie weit du gekommen bist! Wenn du fühlen kannst, was du erreicht hast, wirst du einfach nur dankbar sein und gar nicht mehr haben wollen. Du hättest ein Felsen werden können und hättest nichts dagegen tun können. Aber du bist ein Mensch! Und du leidest und machst dir Sorgen – du verpasst das Ganze! Freue dich an diesem Augenblick, denn er kommt vielleicht nicht wieder!

BEIM MENSCHEN wird alles zur Kunst; bei den Tieren ist alles Instinkt.

Wenn du zum Beispiel eine Kuh auf die Wiese führst, wird sie nur ganz bestimmte Gräser fressen und alles andere stehen lassen. Ihre Auswahl ist vorherbestimmt; sie ist sich dessen nicht bewusst. Sie wählt nicht wirklich aus; die Wahl ist mechanisch. Die Kuh funktioniert wie ein Roboter. Es passiert instinktiv.

Beim Menschen ist nichts instinktiv. Der Mensch hat sich von der Macht des Instinkts gelöst – und das ist ein großartiges Phänomen. Das macht seine Herrlichkeit aus, dass er nicht mehr instinktiv handelt. Er hat eine gewisse Freiheit.

Darum nehmen Menschen alles Mögliche als Nahrung zu sich. Kein Tier isst wie der Mensch; Tiere ernähren sich von ganz bestimmten Dingen. Nur der Mensch verzehrt alles Mögliche – und Unmögliche. Man glaubt es kaum!

Ich habe mir die Essgewohnheiten der Menschen auf der ganzen Welt angesehen und habe den Eindruck, dass es nichts auf der Welt gibt, was nicht irgendwo von irgendjemandem gegessen wird.

Insekten werden gegessen, Schlangen!? Ja, in China ist es eine Delikatesse. In Afrika werden Ameisen gegessen – sehr bekömmlich für kleine Kinder – und schon die kleinen Kinder sammeln die Ameisen.

Es gibt nichts, was nicht gegessen wird. Und es gibt nichts, was nicht auch verdammt wird. Alles ist genauso auch verdammt worden. Der Mensch besitzt absolute Freiheit.

Seinem Instinkt nach müsste der Mensch eigentlich

Vegetarier sein; sein Verdauungssystem beweist absolut, dass er vom Instinkt her Vegetarier sein müsste und kein Fleischesser. Fleisch fressende Tiere haben einen kurzen Verdauungskanal. Der Mensch hingegen hat einen sehr langen Darmtrakt. Die Pflanzen fressenden Tiere brauchen einen langen Darm, während es für die Fleisch fressenden Tiere genügt, einmal in vierundzwanzig Stunden zu fressen. Der Löwe frisst nur einmal am Tag; der Affe hingegen frisst den ganzen Tag über, er frisst ständig – denn wenn man Pflanzen frisst, muss man viel größere Mengen fressen.

Bei pflanzlicher Nahrung gibt es viele Ballaststoffe, die ausgeschieden werden; nur ein kleiner Teil der Nahrung wird aufgenommen. Fleisch kann zur Gänze resorbiert werden; es ist bereits resorbierte Substanz. Ein anderes Tier hat bereits die Arbeit der Resorption geleistet; man isst etwas fertig Zubereitetes. Aber wenn man Pflanzliches isst, braucht es eine lange Zeit zum Resorbieren und man benötigt einen längeren Verdauungskanal, damit es länger im Körper verbleiben kann.

Physiologisch gesehen ist der Mensch Vegetarier, aber das entscheidet nicht mehr der Instinkt. Selbst der Sex ist nicht mehr an den Instinkt gebunden. Darum findet man beim Menschen so viele Verschiedenheiten, die man bei den Tieren nicht findet…

Der Mensch hat eine ungeheure Freiheit.

DER BEITRAG des Pythagoras zur abendländischen Philosophie ist ungeheuer, er ist unermesslich. Er führte als Erster die vegetarische Idee im Westen ein, eine Idee von ungeheurer Bedeutung. Sie kommt aus einer tiefen Verehrung für das Leben.

Sie leuchtet dem heutigen Bewusstsein mehr ein als dem damaligen, da wir jetzt wissen, dass alle Formen des Lebens verbunden sind, dass sie voneinander abhängen. Der Mensch ist keine Insel, der Mensch ist in ein unendliches Netz von Millionen Lebens- und Daseinsformen verwoben. Wir existieren in einer Kette, wir sind nicht einzeln. Und andere Lebewesen zu zerstören ist nicht nur hässlich, abstoßend und unmenschlich – es ist auch unwissenschaftlich. Wir zerstören den Boden unter unseren eigenen Füßen.

Das Leben ist eine organische Einheit. Der Mensch ist nur ein Teil dieses Orchesters. Stellt euch den Menschen einmal ohne Tiere – ohne Vögel und ohne Fische vor, es wäre ein sehr, sehr eintöniges Leben; ein Leben ohne jede Vielfalt, Abwechslung, Fülle oder Farbe: die Wälder völlig verödet, kein Kuckuck ruft, keine Vögel fliegen von Baum zu Baum und das Wasser wäre ohne Fische tot und leer.

Das Leben mit seinem unendlichen Formenreichtum ist eine organische Einheit. Und wir gehören dazu: Der Teil sollte Ehrfurcht vor dem Ganzen empfinden. Das ist die ganze Idee hinter der vegetarischen Lebensweise. Sie bedeutet nur dies: Zerstört das Leben nicht. Sie bedeutet nur: Das Leben ist göttlich – hört auf Leben zu zerstören, sonst zerstört ihr am Ende das ganze ökologische Gleichgewicht.

Und diese Idee geht von einer sehr wissenschaftlichen Einsicht aus. Es ist kein Zufall, dass alle Religionen, die in Indien entstanden, auf der vegetarischen Idee aufbauen und dass alle Religionen, die außerhalb Indiens entstanden, nicht vegetarisch sind. Und dass die höchsten Gipfel religiösen Bewusstseins in Indien erreicht wurden, und nirgendwo anders.

Die vegetarische Lebensweise hat die Aufgabe der Reinigung. Wenn ihr euch von Tieren ernährt, hat das Gesetz der Notwendigkeit eine größere Macht über euch. Ihr seid schwer, ihr werdet tiefer zur Erde hinuntergezogen. Wenn ihr euch vegetarisch ernährt, lebt ihr mehr unter dem Gesetz der Gnade, unter dem Gesetz der göttlichen Kraft, und ihr werdet leicht und strebt dem Himmel entgegen.

Nahrung ist nicht einfach nur Nahrung – du bist, was du isst. Was du isst, das wirst du. Wenn du etwas isst, das letzten Endes auf Mord, auf Gewalttätigkeit zurückgeht, kannst du dich nicht über das Gesetz der Notwendigkeit erheben. Du bleibst mehr oder weniger Tier. Das Menschliche wird erst geboren, wenn du mit dir selber in einer Weise umgehst, wie es kein Tier kann. Die vegetarische Lebensweise ist eine bewusste Anstrengung, eine gewollte Verhaltensweise: Sie soll dich vom Zug der Schwerkraft befreien, der dich an die Erde fesselt, damit du fliegen kannst – dann wird der Flug vom Alleinsein zum All-Ein-Sein möglich. Je leichter die Nahrung, desto tiefer geht die Meditation, je gröber die Nahrung, desto schwerer fällt die Meditation. Ich will nicht sagen, dass ein Nichtvegetarier nicht meditieren kann – es ist möglich – aber es fällt unnötig schwerer. Es ist, wie wenn man auf einen Berg steigt und lauter Steine mit sich trägt. Es ist sicher möglich, den Gipfel zu erreichen, auch wenn du Steine mit dir trägst, aber es wird dadurch unnötigerweise schwerer. Du hättest die Steine abwerfen können, du hättest dich von der Last frei machen können, dann wäre der Aufstieg leichter gewesen, bei weitem angenehmer.

Ein intelligenter Mensch nimmt keine Steine mit, wenn er Bergsteigen geht; er nimmt nichts Überflüssiges mit. Und je höher er kommt, desto mehr Ballast wirft er ab. Er macht sich von allem frei.

Als Edmund Hillary und Tensing zum ersten Mal den Everest bestiegen, mussten sie unterwegs alles abwerfen, denn je höher sie kamen, desto schwieriger wurde es, irgendetwas zu tragen. Selbst sehr wichtige Gegenstände mussten zurück gelassen werden. Sich selber weiterzuschleppen war schon schwer genug.

Die vegetarische Ernährung ist eine ungeheure Hilfe. Sie verändert deinen chemischen Haushalt. Wenn du dich von Tieren ernährst, Tiere isst, dann... als Erstes: Jedes Mal, wenn ein Tier getötet wird, ist das Tier außer sich vor Wut und Angst – das ist natürlich. Wenn du ein Tier umbringst... stell dir vor, du selbst wirst umgebracht. Was glaubst du, ist dein Bewusstseinszustand? Was geht in deiner Seele vor? Alle möglichen Gifte ergießen sich in deinen Blutstrom, denn wenn du außer dir bist vor Wut, funktionieren bestimmte Drüsen und geben ihre Giftstoffe frei. Wenn du Angst hast,

passiert das Gleiche mit anderen Drüsen. Und wenn
man getötet wird, löst das die größte Angst und die
größte Wut überhaupt aus. Alle Drüsen geben auf einmal all ihre Giftstoffe ins Blut ab. Und von diesem ver-
gifteten Fleisch ernährt sich der Mensch täglich.
Wundert es euch, wenn euch das wütend, ungehalten
und gewalttätig macht? Das ist nur natürlich. Wenn ihr
vom Töten lebt, dann habt ihr keinen Respekt vor dem
Leben; dann steht ihr dem Leben feindlich gegenüber.
Und der Mensch, der sich feindlich gegen das Leben
stellt, kann nicht zur Andacht gelangen. Andacht heißt
Ehrfurcht vor allem Leben.

Und jemand, der die Kreaturen Gottes feindlich
behandelt, kann Gott selbst auch nicht sehr freundlich
gesinnt sein. Wenn du Picassos Gemälde vernichtest,
kannst du Picasso gegenüber nicht sehr respektvoll
sein, das schließt sich aus. Alle Lebewesen gehören zu
Gott; Gott lebt in ihnen, Gott atmet in ihnen, sie sind
seine Erscheinungsformen, genauso wie ihr. Sie sind
unsere Brüder und Schwestern.

Wenn du ein Tier siehst und das Gefühl der Brüder-
lichkeit kommt nicht in dir auf, dann weißt du nicht,
was Andacht und Beten ist, und wirst es nie wissen.
Und die bloße Vorstellung, dass man nur um des
Essens willen, nur aus Geschmacksgründen Leben zerstört, ist einfach abscheulich. Es ist nicht zu glauben,
dass die Menschen noch immer damit weitermachen.
Pythagoras war der Erste, der die vegetarische Ernährung im Westen einführte. Es ist eine sehr tiefe
Einsicht, dass der Mensch lernen muss, in Freund-
schaft mit der Natur zusammenzuleben, in Freund-

schaft mit der Kreatur. Auf dieser Einsicht baut alles auf. Und nur auf dieser Grundlage kannst du zur Andacht kommen, zu einer meditativen Lebensweise. Du kannst es an dir selbst beobachten: wenn du Fleisch isst, wird dir das Meditieren immer schwerer fallen.

Buddha wurde in eine nicht vegetarische Familie hinein geboren, in die Krieger-Kaste; er war ein *Kshatriya*. Aber die Erfahrung der Meditation machte ganz allmählich einen Vegetarier aus ihm. Seine innere Einsicht brachte ihn dazu: Jedes Mal, wenn er Fleisch aß, fiel ihm das Meditieren schwerer. Und wenn er Fleisch mied, fiel ihm das Meditieren leichter. Es war eine ganz einfache Beobachtung.

Es ist eine überraschende Tatsache, dass die größten Vegetarier der Welt zur Jain-Religion gehören, denn alle ihre vierundzwanzig Meister kamen aus der Krieger-Kaste, die nicht vegetarisch lebte. Sie alle waren Kämpfer. Alle vierundzwanzig Jaina-Meister waren *Kshatriyas*. Wie kommt das? Warum schufen diese Leute, die von Kindheit an dazu erzogen wurden, Fleisch zu essen, die größte vegetarische Bewegung der Welt? Ganz einfach deshalb, weil sie mit Meditation experimentierten.

Es führt kein Weg daran vorbei: Wenn du meditieren willst, wenn du frei von Gedanken werden willst, wenn du leicht werden willst – so leicht, dass die Erde dich nicht mehr herabziehen kann, so leicht, dass du anfängst aufzusteigen, so leicht, dass der Himmel dir offen steht – dann musst du auf deinen anerzogenen Fleischgenuss verzichten und dich für die Freiheit öffnen, die die vegetarische Ernährung bringt.

Vegetarische Lebensweise hat nichts mit Religion zu tun. Es handelt sich um etwas grundsätzlich Wissenschaftliches. Sie hat auch nichts mit Moral zu tun; aber sie hat viel mit Ästhetik zu tun. Es ist undenkbar, dass ein sensibler und bewusster Mensch, ein Mensch mit Einsicht und Liebe, es fertig bringt, Fleisch zu essen. Und wenn er es kann, dann ist es ihm irgendwie noch nicht bewusst, was er tut. Er ist sich der Tragweite seines Tuns nicht bewusst.

Aber Pythagoras blieb ungehört, niemand glaubte ihm. Im Gegenteil – man machte sich lustig oder verfolgte ihn. Dabei hatte er einen der größten Schätze aus dem Osten in den Westen gebracht. Er hatte eine große Entdeckung mitgebracht – hätte man auf ihn gehört, wäre aus dem Abendland eine vollkommen andere Welt geworden.

Das Problem, das uns heute belastet, dass wir nämlich unsere eigenen Lebensbedingungen in der Natur zerstört haben – es wäre nie aufgekommen. Wenn die Einsicht des Pythagoras zur Grundlage für die abendländische Weltsicht geworden wäre, dann hätte es nicht zu den großen Weltkriegen kommen können. Pythagoras hätte die Geschichte in andere Bahnen gelenkt. Er hat es mit allen Kräften versucht, hat getan, was er konnte – an ihm lag es nicht.

Aber die Menschen sind blind und taub; sie können nicht hören, sie können nicht verstehen. Und vor allem wollen sie ihre Gewohnheiten nicht ändern.

Die Menschen leben in ihren Gewohnheiten, und zwar völlig mechanisch. Wir können das Bewusstsein der Menschen nur ändern, wenn wir anfangen, den menschlichen Körper umzuwandeln. Wenn du Fleisch isst, nimmst du das Tier in dich auf – aber du musst über das Tier hinauswachsen. Meide Fleisch! Wenn du wirklich immer höher steigen willst, wenn du wirklich auf die sonnenbestrahlten Gipfel des Bewusstseins hinauf willst, wenn du wirklich das Göttliche schauen willst, dann wirst du dich in jeder erdenklichen Weise ändern müssen.

Dann musst du dein ganzes Leben unter die Lupe nehmen, du musst jede einzelne deiner Gewohnheiten und Verhaltensweisen bis ins Kleinste anschauen – weil manchmal eine winzige Sache dein ganzes Leben verändern kann. Manchmal mag es das Unscheinbarste von der Welt sein, aber es verwandelt dein Leben in unglaublicher Weise. Versuche vegetarisch zu leben und du wirst dich wundern; das Meditieren wird dir leichter fallen. Deine Art zu lieben verfeinert sich, verliert alle Grobheit – dein Lieben wird sensibler und weniger sinnlich, wird spielerischer und weniger triebhaft. Und dein ganzer Körper strahlt feinere Schwingungen aus. Du wirst anmutiger, weicher, weiblicher, weniger aggressiv, empfänglicher.

Durch eine vegetarische Lebensweise wirst du alchemistisch verwandelt. Sie verwandelt einfaches Metall zu Gold.

PYTHAGORAS FÜHRTE zwei grundsätzlich zusammenhängende Ideen in das abendländische Bewusstsein ein: die Idee des vegetarischen Lebens und das Konzept der Wiedergeburt.

Es wird euch überraschen, wenn ihr erfahrt, dass alle vegetarischen Religionen an die Wiedergeburt glauben und dass alle nicht vegetarischen Religionen nur an ein einmaliges Leben glauben. Und das ist nicht einfach ein Zufall.

Die drei großen Religionen Indiens sind der Hinduismus, der Jainismus und der Buddhismus. Sie unterscheiden sich in jeder Hinsicht voneinander – ihre Ideologien sind so verschieden wie sonst keine anderen Ideologien. Die Hindus glauben an einen Gott und an eine Seele. Die Jainas glauben an keinen Gott – ein wirklich entscheidender Aspekt: eine Religion ohne Gott. Und die Buddhisten glauben nicht einmal an eine Seele – weder an einen Gott, noch an eine Seele. Könnt ihr euch eine Religion ohne Gott und ohne Seele vorstellen? So groß sind die Unterschiede! Aber über einen Punkt sind sich alle drei Religionen einig: über das Konzept der Wiedergeburt, der Reinkarnation.

Selbst Buddha, der nicht einmal die Seele anerkennt, stimmt in diesem Punkt zu. Das erscheint geradezu absurd: Wie kann es die Wiedergeburt der Seele geben, wenn es die Seele gar nicht gibt? Buddha glaubt nicht an eine Seele, sondern an etwas, das immer weitergeht. Er sagt: „Wenn du am Abend eine Kerze anzündest und sie am Morgen auslöscht – kannst du dann sagen, dass es noch die gleiche Flamme ist, die du am Abend vorher entzündet hast?" Sie ist es nicht; und doch hängen beide Enden irgendwie zusammen. Die Flamme verändert sich die ganze Nacht lang; Flamme ist auf Flamme gefolgt, ist in Rauch aufgegangen und wurde in jedem Augenblick von einer neuen Flamme abgelöst. Und das geschah alles mit einer solchen Geschwindigkeit, dass man die Lücken dazwischen nicht wahrnehmen konnte. Das Ganze war ein Kontinuum – ein ständiger Wechsel, aber unglaublich schnell – von einer Flamme zur anderen, die ganze Nacht lang.

Wenn du also am Morgen die Flamme löschst, ist es nicht die gleiche, die du angezündet hattest – obgleich sie ihr zum Verwechseln ähnlich sieht. Die erste Flamme ist aber dennoch mit der letzten eng verknüpft – sie gehören der gleichen Kette an, dem gleichen Ablauf. Aber du kannst nicht behaupten, dass es eine Flamme war oder auch eine Seele.

Das ist die buddhistische Version der Wiedergeburt: Das Kontinuum geht weiter und weiter, aber die Individuen vergehen – es gibt keine individuelle Seele. Buddha glaubte trotzdem an die Wiedergeburt. Die Jainas glauben an die Wiedergeburt. Die Brahmanen glauben an die Wiedergeburt.

Aber die Juden, die Christen und die Muslime glauben nicht daran. Das sind die drei großen Religionen, die außerhalb Indiens geboren wurden. Wie kommt es, dass alle drei indischen Religionen auf die Tatsache der Wiedergeburt gestoßen sind? Obwohl sie sonst in kei-

nem einzigen Punkt übereinstimmen! Nur in diesem –
warum? Weil es sich über diesen Punkt nicht streiten ließ.
Woher hatten sie diese Erfahrung? Ihr werdet staunen:
Durch die vegetarische Lebensweise. Wenn jemand
völlig konsequent vegetarisch lebt, kann er mit Leich-
tigkeit Einblick in seine früheren Leben gewinnen.
Wer vegetarisch lebt, ist nicht so grob, ist nicht so blockiert; seine Energie bewegt sich leicht, sie fließt. So
kann der Strom seines Bewusstseins zu den frühesten
Urzeiten zurückfinden. Er kann so weit zurückgehen,
wie er will.

Das Bewusstsein eines Nichtvegetariers ist in vieler
Hinsicht blockiert. Er hat groben Stoff in sich ange-
häuft. Dies Grobstoffliche blockiert nun seine Energie
wie ein Staudamm. Das ist der Grund, warum alle drei
Religionen, die außerhalb Indiens entstanden und
nicht vegetarisch blieben, nie auf die Tatsache der
Wiedergeburt stoßen konnten. Sie konnten nicht zu
dieser Erfahrung vordringen.

Pythagoras hat in Indien gelebt; er lebte dort als Vegetarier, meditierte tief, wurde sich seiner früheren
Leben bewusst, konnte sich selbst zurückverfolgen. Er
konnte verstehen, was Buddha meint, wenn er sagt:
„Einst war ich ein Elefant, einst war ich ein Fisch, einst
war ich ein Baum."

Die Vorstellung von der Evolution ist hier im Osten
seit je vertraut, und zwar in einer weitaus subtileren
Form als die Theorie Darwins, die sich die westliche
Wissenschaft zu eigen gemacht hat. Darwins Konzept
ist sehr primitiv. Er sagt: „Der Mensch stammt vom
Affen ab." Dabei konnten es die Darwin-Anhänger bis

heute nicht beweisen. Sie suchen immer noch das Bindeglied zwischen Affe und Mensch. Und außerdem ergibt sich das Problem: Warum wurden nur ein paar Affen zu Menschen? Was wurde aus dem Rest? Wo doch Affen immer alles nachäffen! Wenn also ein paar Affen zu Menschen wurden, warum haben es die übrigen Affen nicht nachgemacht? Was wurde aus den übrigen Affen? So große Nachäffer – und nur so wenige wurden zu Menschen? Schließlich gibt es die Affen auch heute noch.

Nach Tausenden und Abertausenden von Jahren sind die Affen immer noch Affen. Und hat man je gehört, dass ein Affe plötzlich zum Menschen wurde? Eines Morgens wacht er auf und ist ein Mensch?! Von so einem Wunder hat bisher noch keiner gehört. Die Frage ist also: Wo ist das Bindeglied zwischen dem Affen und dem Menschen? Und der Unterschied ist enorm, er ist nicht zu unterschätzen.

Jemand stellte folgende Frage: „John Lilly sagt, es gibt außer dem Menschen noch andere vernunftbegabte Wesen auf dieser Erde; sogar Wesen, die mehr Bewusstsein haben als der Mensch." Und der Frager wollte wissen: „Hat John Lilly Recht? Ist es wahr?"
Nun, diese anderen Wesen haben bisher noch nicht den Menschen entdeckt, vielmehr ist es John Lilly, der diese anderen Wesen entdeckt. Es ist der Mensch, der fortwährend Neues entdeckt. Und ganz sicher hat der Entdeckende ein höheres Bewusstsein als das Entdeckte. Selbst wenn wir eines Tages entdecken sollten, dass irgendein Tier ein hoch entwickeltes Gehirn hat,

sind wir die Entdecker. Das hoch entwickelte Tier hat uns bisher noch nicht entdeckt.

Es gibt Tiere, die sehr hoch entwickelt sind, aber niemand ist in der Evolution so weit fortgeschritten wie der Mensch. Und der Unterschied zwischen beiden ist enorm. John Lilly hat mit Delphinen experimentiert und glaubt, dass die Delphine ein höher entwickeltes Bewusstsein besitzen als wir Menschen.

Der Entdecker hat ganz klar das höhere Bewusstsein. Die Delphine sagen nichts über sich selbst aus; es ist der Mensch, der etwas über die Delphine aussagt. Nicht einmal über sich selbst können sie etwas beweisen. Delphine sind prima Kumpel und Lilly ist auf der richtigen Spur, aber ein höheres Bewusstsein als der Mensch haben sie nicht. Sie haben keine Buddhas hervorgebracht – keinen Patanjali und keinen Pythagoras... noch nicht einmal einen John Lilly.

Das westliche, das Darwinsche Konzept der Evolution ist also sehr primitiv. Das östliche Konzept der Evolution, das Konzept der Wiedergeburt, ist sehr viel weiter entwickelt. Die Frage ist nicht, ob der Körper eines Affen zum Körper eines Menschen werden kann – das hat es nie gegeben. Dass aus einem Fisch ein Mensch geworden wäre – das war nie da. Aber das Innere des Fisches wächst, wächst immerzu. Es geht von einem Körper zum anderen weiter.

Das Wachstum des Lebens – die Evolution – hat sich nicht von Körper zu Körper abgespielt. Das Wachstum hat sich immer schon im Bereich des Bewusstseins abgespielt. Wenn ein Affe zu einer gewissen Bewusstseinsstufe gelangt ist, wird er bei der nächsten Geburt kein Affe mehr, sondern ein Mensch. Er stirbt als Affe und wird als Mensch geboren. Die Evolution findet nicht physiologisch im Körper des Affen statt. Die Seele – oder wie immer ihr es nennen wollt, das Kontinuum – hat sich den Körper eines Affen zunutze gemacht und nun ist sie soweit, sich eines besseren Körpers zu bedienen, eines Körpers, der mehr Spielraum für Wachstum bietet.

Die Seele bewegt sich von Körper zu Körper weiter. Nicht die Körper entwickeln sich weiter, sondern die Seelen. Nicht die Kerzen entwickeln sich, sondern die Flammen können von einer Kerze auf die andere überspringen. Und die Flamme steigt höher und höher. Die Evolution ist eine Evolution des Bewusstseins, nicht der Materie, nicht des physiologischen Körpers. Das hat Darwin nicht gesehen und damit ging er am Wesentlichen vorbei.

Aber in Asien sind wir uns dessen seit mehr als zehntausend Jahren bewusst. Diese Bewusstheit kam durch Meditation; und sie war auch eine Folge der vegetarischen Lebensweise. Denn so begannen die Menschen, sich an ihre früheren Leben zu erinnern. Das war eine grundlegende Technik sowohl für Buddha als auch für Mahavir. Sobald ein Jünger eingeweiht werden sollte, war die erste Voraussetzung, dass er seine vergangenen Leben erforschen musste. Sowohl Buddha als auch Mahavir verlangten das. Es wurden bedeutende Techniken entwickelt, mit deren Hilfe man in die früheren Leben eindringen konnte. Und wenn du erst einmal in

deine früheren Lebensformen zurückgehst, wird dein
jetziges Leben von Grund auf verwandelt. Warum?
Weil du dann erkennst, dass du all die dummen
Sachen, die du jetzt tust oder tun möchtest, schon seit
vielen, vielen Leben getan hast. Genau dieselben
Dinge hast du schon unzählige Male getan und nie war
etwas dabei herausgekommen.

Zum Beispiel … Du bist wie verrückt hinter dem Geld
her. Und nun erinnerst du dich plötzlich: Im letzten
Leben warst du das auch schon, und sogar mit Erfolg;
du warst reich, sehr reich, und dann bist du gestorben – und von all deinem Geld und all deinem Reichtum hattest du nichts gehabt. Der Tod hat dir alles
genommen und du bist so arm und elend gestorben
wie zuvor. Und dann erinnerst du dich, dass du davor
sogar ein König gewesen warst und über ein großes
Reich regiertest. Und dennoch warst du enttäuscht,
und dennoch war dein Leben elend, und dein Tod war
elend. Du bist immer noch hinter dem Geld her? Jetzt
wird das mit einem Mal unmöglich. Die ganze Gier
fällt plötzlich von dir ab wie Lumpen. Wie kannst du
die gleiche alte Idiotie ewig von neuem wiederholen,
wenn du dich erinnerst? Du kannst eine Idiotie nur
wiederholen, solange du dich nicht erinnerst.

Das Konzept der Wiedergeburt ist keine philosophi-
sche Idee. Es basiert auf Erfahrung. Es ist durch und
durch wissenschaftlich. Es gibt Menschen, die sich an
ihre vergangenen Leben erinnern. Aber diese Techniken erfordern eine absolut vegetarische Lebensweise. Andernfalls wird es euch nicht möglich sein,

hinter euer jetziges Leben zurückzugehen. Euer Bewusstsein kann das nicht schaffen – es muss erst so leicht werden, so federleicht, dass es mühelos von der einen Existenz in die andere schlüpfen kann, und je leichter es ist, desto tiefer dringt es ein. Es kann sich dann nicht nur erinnern, dass du im letzten Leben ein Mensch warst; ganz allmählich wirst du dich dann auch an die Tiere erinnern können, die du einmal warst. Und wenn du immer tiefer kommst, wirst du dich vielleicht erinnern, wie du manchmal ein Baum, ein Stein warst. Tausende von Jahren hast du in unzähligen Formen gelebt. Und wenn du dich daran erinnern kannst, dass du etwa einmal ein Fisch warst – dann wird es dir schwer fallen, Fisch zu essen.

Die vegetarische Lebensweise führt dich zur Erinnerung deiner früheren Geburten. Und je mehr du deine früheren Lebensformen kennen lernst, desto entschiedener lebst du vegetarisch. Denn wenn du siehst, dass wir alle Brüder und Schwestern sind, dass die gesamte Schöpfung miteinander verwandt ist – dann kannst du keine Tiere mehr töten. Das wird dann einfach unmöglich. Nicht, dass du dich zurückhalten musst – es wird einfach unmöglich.

Jede Geburt zieht einen Tod, jeder Tod zieht eine Geburt nach sich. Es ist ein Teufelskreis und der Kreis dreht sich in einem fort.

Das indische Wort für Welt ist *Samsara*. *Samsara* bedeutet das Rad. Jugend oder Kindheit oder Alter sind nichts als Speichen dieses Rades und wir klammern uns an dieses Rad und das Rad ist immer in Bewegung – wie alles auf dieser Welt. Der Mond bewegt sich um die Erde und die Erde und der Mond bewegen sich um die Sonne und die Sonne wieder um eine andere Sonne und so weiter und so fort. Und alle Sterne bewegen sich. Und alles bewegt sich im Kreis herum: Die Jahreszeiten bewegen sich im Kreis.

Das Leben ist ein Rad und das Rad wiederholt sich. Und wenn du dich an das Rad anklammerst, wirst du nie irgendwo ankommen. Im Osten ist es eine bekannte Tatsache, dass wir von diesem Rad abspringen müssen – nur dann können wir frei sein.

Frei zu sein von diesem Rad der Geburt und des Todes heißt, Freiheit erlangen. Dann bist du ganz einfach nur. Dann bewegst du dich nicht mehr. Dann gibt es keine Vergangenheit und keine Zukunft, sondern nur die Gegenwart. Dann ist Jetzt die einzige Zeit und Hier der einzige Ort.

Das ist der Zustand von *Nirvana*, von *Moksha* – Freiheit. Das ist das wirkliche Reich Gottes. Man ist einfach… aller Aufruhr ist vorüber, alle Stürme sind vorbei und es herrscht vollkommenes Schweigen. In diesem Schweigen aber ist Gesang, in diesem Schweigen ist Musik – ungehörte Musik, ungespielte Musik. In diesem Schweigen ist Freude, in diesem Schweigen ist Seligkeit. Und diese Seligkeit währt ewig, sie ändert sich nicht mehr.

Veränderung gibt es nur, solange du dich an das Rad klammerst. Wenn du abspringen kannst vom Rad, verschwindet alle Veränderung. Dann bist du hier und ewig hier. Dieser Zustand ist das, was alle wahren

Suchenden finden wollen: den Weg, der herausführt aus diesem Rad von Geburt und Tod, der in ein ewiges Leben führt, wo es keine Geburt gibt und auch keinen Tod, wo nichts beginnt und nichts endet, wo alles einfach nur ist – den Weg, auf dem wir eingehen ins Göttliche.

GESUNDHEIT HAT für Pythagoras zwei Aspekte: Der eine ist physisch, der andere spirituell. Der Körper ist dein Tempel – missachte ihn nicht. Eure törichten, dummen Asketen haben euch immer eingeredet den Körper zu missachten – nicht nur ihn zu missachten, sondern ihn zu zerstören. Pythagoras ist kein Asket: Er ist einer, der versteht.

Er sagt: Achte den Körper und missachte ihn nicht. Wenn du deinen Körper missachtest, kannst du die innere Harmonie nicht finden – denn wenn der Körper in Harmonie ist, hilft er dir, die innere Harmonie zu erreichen. Achte gut auf deine Gesundheit, auf deinen Körper. Liebe ihn, schätze ihn, er ist ein großes Geschenk. Er ist ein Wunder, ein Mysterium! Gib mit Maß dem Körper Nahrung und dem Verstand Ruhe.
Genau das Gleiche, was für den Körper die Nahrung ist, ist für die Seele die Ruhe. Nahrung nährt den Körper, und Ruhe nährt die Seele. Der Materialist vergisst die Ruhe.
Darum gibt es im Westen so viel Ruhelosigkeit – sie haben die Ruhe vergessen, sie können sich nicht entspannen. Sie müssen immerzu beschäftigt sein; sie wissen nicht, wie man still dasitzt, ohne etwas zu tun. Sie haben es vollkommen vergessen! Der Materialist muss es zwangsläufig vergessen. Er fährt fort, zu viel zu essen, und er hat vergessen, dass dabei sein Körper immer fetter und fetter wird und seine Seele immer dünner und dünner.

Manchmal sehe ich Leute, die nur einen Körper haben

und keine Seele. Einfach Schicht auf Schicht Fett und nichts dahinter – Grünzeug, Kohlköpfe. Sie können noch so kultiviert und gebildet sein, voll mit Wissen, das macht keinen großen Unterschied.

Ruhe ist sogar viel wesentlicher als Nahrung. Wenn du manchmal weniger isst, ist es gut, aber du brauchst immer deine Ruhe – weil der Körper im Grunde ein Tempel ist: Die Gottheit wohnt innen drin. Man muss den Körper lieben, allein weil er ein Tempel der Gottheit ist. Der Körper ist nur ein Mittel, das Ziel liegt innen. Ruhe ist Nahrung, Meditation ist Nahrung für die Seele.

Ruhe bedeutet Stille, Schweigen, Ausruhen, Entspannen, Kühle, Gesammeltsein, in Meditation sein. Ein Zustand des unbeschäftigten Geistes, leer, still, ohne eine Idee irgendeines Tuns, ohne irgendwohin zu gehen, ohne irgendwohin zu jagen – einfach hier-jetzt zu sein. Das ist Ruhe. Und hier-jetzt zu sein, ist äußerst nahrhaft, denn dann bist du in tiefem Einklang mit Gott, dann badest du in Musik. Die Vergangenheit ist nicht mehr, sie ist tot, die Zukunft ist noch nicht, sie ist ungeboren. Nur die Gegenwart ist. Nur die Gegenwart ist lebendig. Wenn du hier-jetzt bist, fließt das Leben in dir. Wenn du hier-jetzt bist, bist du in Gott. Und das nährt dich, das ist wirkliche Nahrung.

Deshalb sagen die Upanishaden: *Anam Brahm* – Nahrung ist Gott, Gott ist Nahrung. Im Sinne dieser Stille ist es wirkliche Nahrung. So wie der Körper ohne Nahrung stirbt, stirbt die Seele ohne Stille.

Der Materialist denkt nur an den Körper und der Spirituelle denkt nur an Stille und beide bleiben einseitig. Der eine hat eine sehr gut genährte Seele, aber einen unterernährten Körper; der Tempel steht als Ruine da. Und der andere hat einen schönen Tempel, einen Marmortempel, aber die Gottheit ist tot oder ist noch nicht angekommen. Beiden fehlt etwas.

Wir brauchen eine Musik von Erde und Himmel, von Körper und Seele; wir brauchen eine Harmonie zwischen dem Sichtbaren und dem Unsichtbaren. Das Essen ist sichtbar, Stille ist unsichtbar. Und du brauchst beides, du brauchst den Rhythmus zwischen beiden.
Der Mensch, der nicht erfahren hat, was Ruhe ist, beginnt zu viel Essen in sich hineinzustopfen. Nichts kann ihm helfen – keine Diät, keine Übungen, keine Disziplin, solange er nicht lernt, ruhig zu sein. Früher oder später wird er wieder anfangen zu essen, weil sein inneres Sein sich so leer anfühlt und er keinen anderen Weg kennt es zu füllen – er kennt nur einen Weg: immer weiter Essen in sich hineinzustopfen.

Wenn Menschen zu mir kommen, die vom Essen besessen sind, ist mein einziger Vorschlag: werde meditativer. Mach dir keine Sorgen über das Essen. Werde liebevoller, werde meditativer, und das Problem verschwindet. Wenn du voller Liebe und Meditation bist, brauchst du dich nicht mit Essen voll zu stopfen. Das Essen ist nur ein Ersatz – weil dir die innere Nahrung fehlt, versuchst du sie durch äußere Nahrung zu ersetzen. Der Mensch, der die Ruhe kennt, bleibt immer sehr wachsam, bewusst darüber, was er isst und wie viel er isst. Er kann nicht mehr essen, als nötig ist, und er wird nicht weniger essen, als nötig ist. Er ist immer in der Mitte. Er ist im Gleichgewicht.

Im Westen ist ein richtiger Kult um das Essen entstanden. Viele sehen in der Ernährung eine der Grundlagen für Spiritualität. Du hast gesagt, wenn wir natürlich sind, werden wir wissen, was wir und wann wir essen sollen. Aber wir haben den Kontakt zu unserer kindlichen Natur verloren. Auch in vielen Religionen heißt es, dass die Ernährung Ausschlag gebend sei für den spirituellen Weg?

ES IST GENAU umgekehrt. Was du isst, kann dich nicht spirituell machen, aber wenn du spirituell bist, werden sich deine Essgewohnheiten ändern.

Was du isst, darauf kommt es nicht so sehr an. Man kann Vegetarier sein und dennoch grausam und äußerst gewalttätig. Du kannst Nichtvegetarier und dabei freundlich und liebevoll sein. Auf die Nahrung kommt es nicht so sehr an.

In Indien gibt es Glaubensgemeinschaften, die sich ganz und gar vegetarisch ernähren. Viele Brahmanen leben ganz vegetarisch. Sie sind gewaltlos, aber nicht spirituell. Und die Jains: Sie sind die materialistischste Gemeinschaft in Indien, versessen auf Besitz und Wohlstand – darum sind sie auch die Reichsten. Sie sind die Juden Indiens.

Aber der nicht vegetarische Westen unterscheidet sich nicht im Geringsten von diesen vegetarischen Gemeinschaften Indiens. Eher im Gegenteil. Sehr wichtig, sich das vor Augen zu halten: Wer gewalttätig ist und dabei vegetarisch lebt, bei dem muss sich die Gewalt ein anderes Ventil suchen. Das ist natürlich, denn Fleisch zu essen ist ein Ventil für Gewaltsamkeit. Wer Jäger kennt, hat vielleicht die Beobachtung gemacht, dass Jäger herzensgute Menschen sind. Ihre ganze Gewaltsamkeit lebt sich im Jagen aus. Sie sind ausgesprochen freundlich und lieb. Aber ein vegetarischer Geschäftsmann, der kein anderes Ventil für seine Gewalt hat, steckt seine gesamte Gewaltsamkeit in die Suche nach Reichtum und Macht. Er hat keine anderen Ventile. Es läuft also genau andersherum.

So erging es Mahavir. Mahavir stammte aus einer Krieger-Familie; er war ein *Kshatriya*. Gewalt war für ihn etwas Natürliches. Und dann wurde sein inneres Wesen umgewandelt durch zwölf Jahre Schweigen, durch eine tiefe meditative Übung. Die innere Verwandlung fand ihren äußeren Ausdruck; indem sich sein innerstes Sein änderte, änderte sich sein Charakter. Aber die Charakterveränderung war nicht die Ursache, sondern die Wirkung.

Also antworte ich dir: Wenn du meditativ wirst, neigst du ganz von allein zu vegetarischer Kost. Mach dir darüber keine Gedanken. Und wenn es so herum geschieht, dass du vegetarische Kost zu dir nimmst, weil du meditativ geworden bist, nicht weil du es für besser hältst, dann ist es gut. Aber vom Kopf her zu begründen, dass vegetarische Kost besser sei, weil sie dich spirituell weiterbringen könne, hilft dir kein bisschen.
Wie du dich kleidest, wie du isst, wie du lebst, dein ganzer Stil – das alles wird sich ändern. Aber solche Veränderungen sind nicht die Hauptsache. Die eigentliche Veränderung findet innen statt. Alles Übrige ergibt sich daraus.

Wenn du lange genug tief meditierst, wird es dir unmöglich, anderen Wesen wehzutun, nur um zu essen. Es ist unmöglich. Das ist keine Frage der Überzeugung, keine Sache der Heiligen Schriften, nicht, weil's jemand gesagt hat. Es geschieht nicht aus dem Kalkül, dass du Gott näher kommst, indem du dich vegetarisch ernährst. Es kommt von allein. Es ist keine Frage der Berechnung; du wirst ganz einfach spirituell und die ganze Fleischesserei kommt dir absurd vor. Nur fürs Essen Tiere töten, Vögel, scheint so abwegig, dass es von dir abfällt.

Deine Kleidung wird sich genauso ändern. Nach und nach wirst du lockere, leichte Kleidung bevorzugen. Je entspannter du innen bist, umso leichter. Das kommt von selbst. Dazu gehört kein Entschluss deinerseits. Nach und nach wirst du dich in engen Kleidern unbehaglich fühlen. Enge Kleidung und enge Einstellung sind eins. Gelöste Kleidung und gelöste Haltung sind eins.

Aber es fängt an mit der inneren Umwandlung und alles andere folgt daraus. Wenn du diese Reihenfolge umkehrst, gehst du in die Irre. Dann wird ein Ernährungsfanatiker aus dir.

Einmal kam ein Mann zu mir, der war so dürr und mager und blass, als wollte er gerade sterben. Er sagte: „Ich will nur von Wasser leben. Alles andere steht der Spiritualität im Weg. Ich möchte von purem Wasser leben."

Dieser Mann kann nur sterben. Es hat zwar Menschen gegeben, die sich nur von Wasser ernährt haben, aber das geschah auf natürliche Weise. Sie waren Ausnahmen, in Not, sie hatten eine andere Körperchemie. Das kam vor. Manch einer konnte mit Wasser überleben, aber absichtlich geht es nicht.

Eines Tages mag es der Wissenschaft gelingen, die entsprechende biochemische Veränderung zu bewirken, sodass jeder von Wasser leben kann. Wenn die Wissenschaft eure Biochemie ändern kann, könnt ihr sogar von Luft leben. Das ist möglich, aber nicht vorwegnehmbar. Sich zu zwingen ist sinnlos und die ganze Quälerei ist unnötig. Aber es gibt Verrückte, die so etwas versuchen. Mit Anstrengung ist es noch nie gelungen.

In Bengalen gab es eine Frau, die vierzig Jahre lang ohne Essen lebte – aber das geschah einfach so. Ihr Mann starb und für ein paar Tage konnte sie nichts zu sich nehmen. Aus Trauer und Elend konnte sie nicht essen. Aber mit einem Mal stellte sie fest, dass es ihr ohne Essen besser ging als je. Und ihr wurde klar, dass ihr früher nach dem Essen immer übel geworden war, und nun plötzlich war sie so gesund wie nie zuvor. Und so lebte sie noch vierzig Jahre, ohne einen Bissen. Sie lebte von der Luft. Und es gibt mehrere solcher Fälle.

In Europa gab es einmal eine Frau, die dreißig Jahre ohne Essen lebte. Sie wurde heilig gesprochen, weil die Christen es für ein Wunder hielten. Man untersuchte sie mit allen Mitteln der Wissenschaft, um herauszufinden, was vor sich ging, aber man konnte nichts finden. Also musste es sich um ein Wunder handeln. Es war kein Wunder.

Im Yoga ist bekannt, dass sich der Körper verändern kann, seine Biochemie. Im Grunde machst du auch nichts anderes – nur über einen Zwischenträger. Du kannst die Sonnenstrahlen nicht essen, dazu ist deine Körperchemie nicht in der Lage. Dein Mechanismus ist nicht so, dass er Sonnenstrahlen verdauen kann. Also werden die Sonnenstrahlen erst von der Frucht am Baum aufgenommen und zu Vitamin B umgewandelt; du isst die Frucht, das Vitamin B gelangt in deinen Körper. Die Frucht ist ein Vermittler. Sie sammelt die Sonnenstrahlen und gibt sie dann an dich weiter.

Aber mach keine Experimente. Sie haben nichts mit Spiritualität zu tun. Selbst wenn du die Sonnenstrahlen isst, ist das nicht spirituell. Was wäre spirituell daran? Allein die Vermittlung der Frucht wegzulassen, sollte das spirituell sein? Nur von Wasser zu leben, ist nicht spirituell.

Es kommt nicht darauf an, was du isst. Was du bist, ist die entscheidende Dimension. Und wenn sich die verändert, ändert sich alles. Aber diese Veränderung kommt nicht aus dem Denken. Sie kommt aus deinem innersten Kern. Alles andere verändert sich dann von allein.

Der Sex wird nach und nach verschwinden. Ich sage also nicht, sei ein *Brahmachariya*, ein Enthaltsamer. Das wäre töricht, denn erzwungene Enthaltsamkeit führt nur zu noch mehr Sex im Kopf und du wirst ganz verdreckt und vergiftet davon. Du denkst dann nur noch an Sex und sonst nichts. So geht das nicht. So wirst du nur verrückt, wahnsinnig. Freud sagt: Neunzig

Prozent aller Wahnsinnigen sind wegen unterdrückter Sexualität wahnsinnig.

Ich sage nicht, ändere deinen Sex. Ich sage nicht, ändere dein Essen. Ich sage: Verändert euer Sein und dann verändern sich die Dinge.

Warum spielt der Sex eine so große Rolle? Weil ihr verspannt seid. Sex ist eure Entspannung. Eure Spannungen werden durch Sex freigesetzt, ihr seid entspannt und könnt schlafen. Wird er unterdrückt, bleibt ihr verspannt. Aber wenn ihr den Sex unterdrückt, die größte und oft einzige Möglichkeit euch zu entspannen, was geschieht dann? Dann werdet ihr verrückt. Denn wohin mit euren Spannungen?

Ihr esst. Der Körper braucht das. Der Körper verweigert nur Dinge, die er nicht braucht. Was immer ihr esst, braucht der Körper irgendwie. Wenn ihr Fleisch esst, wenn ihr nicht vegetarisch esst, ist euer Denken, euer Körper, euer ganzes Wesen aggressiv. Aber das braucht ihr, ändert nichts daran. Sonst sucht sich eure Aggression einen anderen Ausweg.

Ändere dich, dann ändert sich deine Kost, deine Kleidung, dein Sex. Aber die Veränderung muss aus dem innersten Kern kommen, sie darf nicht bei den Äußerlichkeiten anfangen. Und all euer Chaos herrscht an der Außenseite. Tief drinnen gibt es kein Chaos. Du bist wie das Meer. Geh hin und betrachte das Meer: Alle Aufgewühltheit, das Aufeinanderprallen der Wellen, das alles geschieht an der Oberfläche Wenn du ganz hinabsteigst, wird es stiller und stiller. In den tiefsten Zonen des Meeres ist kein Aufruhr, nicht die winzigste Welle. Tauche tief in dein inneres Meer, bis du zu einer Stelle kommst, die kristallene Stille ist, wo nie die leiseste Störung hinkommt. Verweile dort. Von dort kommt jede Veränderung, geht die Verwandlung aus. Wenn du dort ankommst, bist du Meister. Jetzt kann alles Nebensächliche von dir abfallen. Und es fällt ohne Kampf und Widerstand.

Alles, was du durch Kampf loswerden willst, wirst du nie los. Du kannst dir durch Kampf das Rauchen abgewöhnen, aber dann ersetzt du es durch etwas anderes. Dann kaust du eben Kaugummi, das ist dasselbe. Oder du kaust Tabak, das ist dasselbe. Da ist kein Unterschied; denn etwas musst du mit deinem Mund anfangen — rauchen, kauen, irgendwas. Solange dein Mund beschäftigt ist, ist alles in Ordnung, denn durch den Mund kann Spannung abgelassen werden.

Wer sich also verspannt fühlt, fängt zu rauchen an. Wie kommt es, dass durch Rauchen oder das Kauen von Kaugummi oder Tabak Spannungen gelöst werden?
Seht euch einen Säugling an. Wenn er Spannungen spürt, steckt er den Daumen in den Mund und fängt an daran zu saugen. Das ist sein Ersatz fürs Rauchen. Und warum schmeckt der eigene Daumen so gut? Warum beruhigt er das Kind, sodass es einschlafen kann? Bei fast allen Kindern ist es so. Wenn sie nicht einschlafen können, stecken sie den Daumen in den Mund, fühlen sich wohl und schlafen ein. Warum? Der Daumen ist der Ersatz für die Mutterbrust. Essen entspannt. Mit hungrigem Magen einschlafen ist nicht leicht. Wenn

der Magen voll ist, wird man müde; der Körper braucht Ruhe. Wenn das Kind die Brust in den Mund nimmt, fließt Nahrung, Wärme, Liebe. Es ist entspannt, sorglos. Alle Spannungen verschwinden. Der Daumen ist nur ein Ersatz für die Brust. Zwar gibt er keine Milch und ist nicht das Wahre, aber immerhin, es gibt ein ähnliches Gefühl.

Wenn das Kind heranwächst und weiter Daumen lutscht, hält man es für zurückgeblieben; also raucht es eine Zigarette. Mit einer Zigarette macht es sich nicht lächerlich. Im Grunde ist es der Daumen, nur gefährlicher als der Daumen. Besser wäre es, seinen Daumen zu rauchen, noch auf dem Totenbett. Das ist harmlos. Es wäre besser, aber die Leute würden einen für verrückt halten, sie würden denken, was du machst, gehört sich nicht. Aber das Bedürfnis ist da; also muss ein Ersatz her.

In Ländern, wo die Kinder nicht mehr die Brust kriegen, nimmt das Rauchen ständig zu. Deshalb wird im Westen mehr geraucht als im Osten, weil die Mütter sich dort weigern, ihren Kindern die Brust zu geben. Sie könnte ja die Form verlieren. Also nimmt im Westen das Rauchen ständig zu. Selbst kleine Kinder rauchen schon. Ich habe eine Mutter zu ihrem Kind sagen hören: „Ich will nicht von den Nachbarn erfahren, dass du zu rauchen angefangen hast. Sei ehrlich und sage mir, wenn du damit anfängst. Sag's mir." Das Kind sagte: „Lass nur, Mami, ich hab's wieder aufgegeben. Vor genau einem Jahr hab ich's aufgegeben. Es ist jetzt ein Jahr her, also mach keinen Ärger."

Schon kleine Kinder rauchen und die Mutter weiß nicht, dass es von der entzogenen Brust kommt. In allen primitiven Gesellschaften bekommt ein siebenjähriges, achtjähriges oder sogar älteres Kind noch die Brust. Wer so zufrieden groß wird, wird nicht so leicht rauchen. Auch darum sind Männer primitiver Gesellschaften bei weitem nicht so von den Brüsten der Frauen fasziniert. Die Frauen brauchen keine Angst zu haben, betatscht zu werden; niemand sieht auch nur hin.

Wenn ihr zehn Jahre lang immerzu die Brust bekommen hättet, dann hättet ihr es schließlich satt und würdet sagen: „Schluss damit". Aber jedem Kind wird vorzeitig die Brust entzogen und das hinterlässt eine Wunde. Alle zivilisierten Gesellschaften sind von Brüsten besessen. Selbst ein sterbender alter Mann ist noch besessen davon, er sucht noch nach der Brust.

Geht den Problemen nicht aus dem Weg: Stellt euch ihnen. Die Schwierigkeit ist das Verspanntsein; so ist die Frage: Wie sich entspannen?, und nicht: Rauchen oder Nichtrauchen.

Meditiere. Setze deine Spannungen frei, ohne äußeren Anlass, ohne Ziel. Lass diese Reinigung zu. Wenn du nicht mehr verspannt bist, werden die Ersatzhandlungen absurd und töricht und verschwinden von allein. Dein Essen wird sich ändern, dein ganzer Lebensstil.

Aber mein ganzes Drängen liegt auf dir. Dein Charakter ist zweitrangig, dein Benehmen ist zweitrangig. Dein eigentliches Du ist das Wichtige.

Lege nicht so viel Wert auf das, was du tust, lege mehr Wert auf das, was du bist. Dein Sein muss in den Brennpunkt rücken, dein Tun mag für sich selber sorgen. Wenn sich das Sein verändert, folgt das Tun.

VON DER GEWOHNHEIT ZUR BEWUSSTHEIT

Hat vegetarische Ernährung einen echten Wert für unser Bewusstsein oder ist sie genauso beliebig wie etwa Rauchen?

SIE IST NICHT beliebig. Vor der Erleuchtung macht euch Fleischessen grobschlächtig, zerstört eure Feinfühligkeit, verhindert, dass ihr das Leben um euch herum wahrnehmt. Es erhält euch blind für die Tatsache, dass ihr – nur eurem Gaumen zuliebe! – Lebewesen tötet, die sich zwar körperlich von euch unterscheiden, deren Geist aber nicht einen Deut anders ist als der eure.

Denkt nur mal an Kannibalen. Ist je ein Kannibale erleuchtet worden? Glücklicherweise ist das nie geschehen; denn wäre es jemals geschehen, hätten die Kannibalen diesen Erleuchteten augenblicklich verzehrt – nur um mal einen kleinen Geschmack von Erleuchtung zu bekommen!

Der Unterschied zwischen Kannibalen und Menschen, die Fleisch und Fisch essen, ist nicht groß: Beide töten sie Lebewesen. Und wer töten kann, sollte nicht damit rechnen, dass sein Herz mitfühlend, liebevoll wird. Vor der Erleuchtung wird dich das Fleischessen daran hindern, das Licht zu erfahren, dein Wesen zu erfahren. Es ist nicht beliebig.

Nach der Erleuchtung ist es beliebig. Aber kein erleuchteter Mensch kann Fleisch oder Fisch essen. Nicht, dass seine Erleuchtung verschwinden würde, wenn er Fleisch oder Fisch äße – Erleuchtung kann nicht verschwinden, egal was man tut. Aber ein erleuchteter Mensch wird dermaßen empfindsam und ästhetisch, dass der bloße Gedanke, nur den paar Geschmacksknospen auf deiner Zunge zuliebe jemanden zu töten, einfach idiotisch ist.

Vor der Erleuchtung ist das absolut nicht freigestellt. Nach der Erleuchtung steht einem das frei, aber kein erleuchteter Mensch bringt es fertig, Fleisch oder Fisch zu essen. Ich hab's versucht, aber es ist mir nicht gelungen. Fisch… den kann ich nicht einmal riechen! Mich mir Fisch essend auch nur vorzustellen scheint ein Ding der Unmöglichkeit. Fleisch ist mir zwar vorgesetzt worden, aber ich konnte es nicht anrühren. Schon der Gedanke, dass Leben zerstört worden ist … Und Erleuchtung steht ganz und gar hinter dem Leben; sie kann keinen Tod zulassen nur wegen ein bisschen Geschmack! Es ist also beliebig, aber ausgeschlossen.

Ich weiß, viele von euch sind in Familien aufgewachsen, wo Fleisch und Fisch normal sind, die Regel. Man hat euch von Geburt an eingeschärft, dass Gott all diese Tiere zu eurer Ernährung erschaffen habe. Und ich frage mich, warum er dann euch erschaffen hat? Damit ihr die Tiere aufesst?

Gurdjieff hat zum Spaß einmal eine Theorie entwickelt … denn die Muslime, die Christen, die Juden glauben alle, Gott habe die Tiere als Nahrung für die Menschen erschaffen. Dieselbe Frage, die ich euch eben gestellt habe, wurde nämlich auch Gurdjieff einmal gestellt… wenn nämlich alles nur als Nahrung für andere erschaffen wurde, das eine Tier frisst ein anderes Tier, dieses wird wiederum von einem anderen

Tier aufgefressen, und so weiter und so fort – landet man schließlich beim Menschen: Wessen Nahrung ist er? Oder ist er eine Ausnahme?

Gurdjieff war ein bemerkenswerter Mann.

Er sagte: „Auch der Mensch ist Nahrung. Er wird vom Mond aufgefressen."

Seine Schüler hatten keine Ahnung, wovon er sprach, aber er konnte ihnen eine ganze Menge Beweise liefern: Bei Vollmond werden mehr Menschen wahnsinnig als in jeder anderen Nacht. In der Vollmondnacht begehen mehr Menschen einen Mord als in jeder anderen Nacht. Mehr Menschen sind in einer Vollmondnacht erleuchtet worden als in jeder anderen Nacht. Es muss ein geheimer Sinn darin stecken. In der Vollmondnacht steht der ganze Mensch mit Leib und Seele unter dem Einfluss des Mondes… Vielleicht versteht es der Mond besser als ihr, seine Nahrung zu finden!

Der Mond braucht euch nicht erst mit einer Flinte oder Pfeil und Bogen zu Leibe zu rücken, sondern sendet verborgene Strahlen aus, die vielen Menschen den Tod bringen, sei es als Selbstmord oder Mord. Und diejenigen, die ihm irgendwie entkommen, werden wahnsinnig. Und Erleuchtung ist der endgültige Tod, weil der Körper sich danach auflöst und die Seele nie wieder reinkarniert, einen neuen Körper annimmt: Der Mond hat den erleuchteten Menschen mit Haut und Haaren verschlungen, ohne eine Spur zu hinterlassen …

Gurdjieff sagte das nur zum Spaß, aber er stellte eines damit klar: Haltet euch nur nicht für eine Ausnahme!

Wenn die Engländer einen Löwen schießen, nennen sie das *game* - Spiel. Was aber, wenn der Löwe euch tötet? Dann spricht niemand mehr von Spiel. In einem Spiel sind beide Parteien gleichberechtigt: Mal gewinnt die eine Seite, mal gewinn die andere Seite, aber das Spiel bleibt ein Spiel. Wenn der Mensch Tiere tötet, ist es ein Spiel. Wenn Tiere es irgendwie schaffen, Menschen zu töten, dann ist dies eine Katastrophe!

Ihr seid in Familien aufgewachsen, wo man nie auch nur einen Gedanken darauf verschwendet, was man da eben gegessen hat. Was immer man euch vorgesetzt hat, das habt ihr gegessen. Ihr habt euch daran gewöhnt. Das ist einer der Gründe, warum nirgendwo so viele Menschen erleuchtet worden sind wie in Indien: Weil es das einzige Land ist, das sich vegetarisch ernährt. Es gibt zwar auch in Indien Nichtvegetarier, aber die Nichtvegetarier haben keinen einzigen Erleuchteten hervorgebracht.

Ich möchte nicht noch dicker werden – ich will nicht noch mehr Fett in meinem Körper ansammeln, aber ich esse immer weiter. Ich möchte aufhören, aber ich esse immer weiter.

DAS BEDÜRFNIS ist oberflächlich. Es ist da, weil ein Muster im Innern da ist, und darum isst er immerzu mehr und mehr. Und selbst wenn er für ein paar Tage aufhört, fängt er wieder an und isst mit noch mehr Heißhunger. Und er wird noch mehr Gewicht zulegen, als er durch die paar Tage des Fastens oder der Diät abgenommen hat. Und das ist ununterbrochen so gelaufen, jahrelang. Es geht nicht nur darum, weniger zu essen. Warum isst er mehr? Der Körper braucht es nicht, aber irgendwo im Kopf ist das Essen zu einem Ersatz für etwas geworden.

Er mag Angst vor dem Tod haben. Menschen, die Angst vor dem Tod haben, essen mehr, da Essen die Grundlage des Lebens zu sein scheint. Je mehr du isst, desto lebendiger bist du. Das ist die Rechnung in deinem Kopf. Da du, wenn du nicht isst, stirbst, wird Nichtessen gleichbedeutend mit Tod und Mehressen gleichbedeutend mit mehr Leben. Wenn du also Angst vor dem Tod hast, wirst du mehr essen; oder wenn niemand dich liebt, wirst du mehr essen.

Nahrung kann zu einem Ersatz für Liebe werden, weil das Kind als Erstes lernt, Nahrung mit Liebe zu verbinden. Das Erste, was das Kind bewusst mitbekommt, ist die Mutter: die Nahrung von der Mutter und die Liebe von der Mutter. Liebe und Nahrung gehen gleichzeitig in sein Bewusstsein ein. Und immer wenn die Mutter liebevoll ist, gibt sie mehr Milch. Die Brust wird voller Freude gereicht. Aber immer wenn die Mutter ärgerlich ist, nicht liebevoll, entzieht sie die Brust. Sie gibt keine Milch.

Die Nahrung wird immer dann entzogen, wenn die Mutter nicht liebevoll ist. Nahrung wird immer dann gegeben, wenn sie liebevoll ist, und so werden Liebe und Nahrung eins. Im Gemüt, im Gemüt des Kindes, werden sie miteinander verbunden. Deswegen wird das Kind, sobald es mehr Liebe bekommt, weniger Nahrung zu sich nehmen, denn bei so viel Liebe ist keine Nahrung nötig.
Sobald keine Liebe da ist, wird es mehr essen, weil ein Ausgleich geschaffen werden muss. Und wenn überhaupt keine Liebe da ist, dann wird es seinen Bauch voll stopfen.

MAROTTEN, DIÄTEN
UND FANATISCHE ANSICHTEN

Man hat mir erzählt, dass du nichts von Makrobiotik hältst. Stimmt das? Ich wüsste gerne, ob deine Kritik eher gegen einen übertriebenen Ernährungsfimmel oder gegen die Prinzipien der Makrobiotik gerichtet war. Makrobiotik ist reiner Taoismus. Es gibt keine Regeln oder Verbote. Ihr Nachdruck liegt auf Bewusstsein, Freiheit, Sensitivität und Anpassungsfähigkeit. Es hat überhaupt nichts mit Essensmarotten, strenger Diät oder fanatischen Ansichten zu tun. Brauner Reis wird von einigen Leuten fälschlich als der Grundstein der Makrobiotik angesehen, aber er ist nur ein Element von vielen. Makrobiotik hat nichts mit braunem Reis zu tun!

ICH BIN VON vornherein gegen alle Marotten. Egal, was es für eine Marotte ist, ich bin dagegen, weil Marotten Psychopathen anziehen. Marotten sind die Tarnungen verrückter Leute. Leute, die abnormal sind, verstecken sich hinter Marotten und legen sich Systeme, Theorien, Dogmen zurecht, womit sie ihre Neurosen rationalisieren.

Ich wohnte einmal bei einer Frau. Sie war sehr liebenswert, aber fast verrückt vor Sauberkeit. Den ganzen Tag putzte sie und richtete das Haus her – völlig unsinnig, da sie niemals jemanden ins Haus ließ.
Wenn Gäste kamen, traf sie sie im Garten. Ich fragte sie: „Du bringst dein Haus den ganzen Tag auf Hochglanz, aber wie ich sehe, lässt du nie jemanden hinein."
Sie sagte. „Die Leute könnten alles schmutzig machen."
„Was hat es dann aber für einen Sinn?"
Sie sagte: „Sauberkeit ist Gott am nächsten."

So eine Frau ist verrückt. Sie versteckt sich einfach hinter der Sauberkeit. Sie hat ein Ritual daraus gemacht. Wenn sie den ganzen Tag putzt, bleibt sie beschäftigt. Das Putzen wurde zu ihrem ganzen Lebensinhalt, eine reine Verschwendung. Aber man kann auch nicht sagen, dass Sauberkeit etwas Schlechtes sei. Sauberkeit ist gut. Und das ist ihr Vorwand.

Sie hat einen völlig plausiblen Vorwand für ihre Verrücktheit. Selbst ihrem Mann erlaubte sie nicht, ins Wohnzimmer zu kommen. Ebenso vermied sie es, Kinder zu bekommen, weil Kinder schmutzig sind und Ärger bringen und alles unordentlich machen könnten. Ihr ganzes Leben war der Sauberkeit gewidmet. Ich sagte zu ihr: „Du hast ja wirklich bewiesen, dass Sauberkeit Gott am nächsten steht. Du hast sie zu einem Gott gemacht und ihr dein ganzes Leben geopfert." Aber sie sagte: „Bin ich etwa im Unrecht?" Man kann nicht sagen dass sie Unrecht hat. Sauberkeit ist gut, hygienisch – aber sie hat ihre Grenzen.

Der Fanatiker überschreitet immer die Grenze. Er ist innerlich völlig durcheinander.

Ich sagte zu der Frau: „Mache eins: Drei Tage lang machst du keinen Handgriff im Haus. Wenn du drei Tage normal bleibst, auch ohne das Haus zu putzen, werde ich mich dir anschließen und auch den ganzen Tag das Haus putzen." Sie sagte: „Drei Tage ohne Putzen? Das ist unmöglich. Da werde ich ja verrückt." Sie ist schon verrückt.

Immer wenn sich jemand hinter einer Marotte versteckt, bin ich dagegen, egal, was die Marotte ist – sei es Makrobiotik oder etwas anderes. Ich bin gegen jede besessene Einstellung.

Lasst mich eine Anekdote erzählen: Ein Mann kam von einem Fußballspiel nach Hause. Seine Frau schaute von der Zeitung auf und sagte: „Schau hier, Fritz, da ist ein Bericht in der Zeitung von einem Mann, der mit einem Freund einen Tausch gemacht hat: seine Frau gegen eine Fußballsaisonkarte. Du bist ein begeisterter Fußballfan, aber du würdest so etwas doch nicht machen, oder?" Fritz sagte: „Natürlich nicht. Das ist geradezu lächerlich und sträflich – die Saison ist ja schon halb vorbei."

Das Das ist die Logik eines Anhängers, eines Fanatikers. Aber diese Leute können sich hinter den triftigsten Begründungen verstecken.
Mahatma Gandhi war ständig um seinen Stuhlgang besorgt. Er war fast besessen davon. Manchmal, wenn der Magen verdorben ist, mag man daran denken, aber immerzu darüber nachzugrübeln, zu meditieren und zu brüten, ist Unsinn. Aber er machte sich ständig Sorgen deswegen – als ob es das wichtigste Problem von der Welt wäre!
Ob er betete oder sich anschickte, mit dem Vizekönig zusammenzutreffen, oder ob er an einer Konferenz am runden Tisch teilnahm, die über das Schicksal von Indiens Freiheit entscheiden sollte: Er nahm zuerst einmal ein Klistier. Es ist erstaunlich: In seinem Tagebuch erwähnt er Klistiere genauso oft wie Gott. Das Klistier scheint sein zweiter Gott gewesen zu sein.

Aber wenn man mit ihm darüber argumentieren wollte, gab er sich vollkommen vernünftig: Der Darm muss
vollkommen sauber sein, weil der ganze Körper vergiftet wird, wenn der Darm nicht rein ist, und nur mit
einem sauberen Darm kann der Geist klar sein. Wie
kann der Geist gesund sein ohne einen gesunden
Körper? Er disputierte und dachte dauernd darüber
nach.

Aber in Wirklichkeit ist es eine Marotte, eine Art
Krankheit. Es deutet nicht auf einen gesunden Geist
hin; es ist das Zeichen für eine Neurose. Ich bin gegen
diese Art von Einstellung. Das habe ich zu vielen
Sannyasins gesagt, weil sie häufig mit ihren Marotten
zu mir kommen.

Auch Anhänger der Makrobiotik kommen zu mir.
Diese Frage ist hier von Dharmananda, er hat den richtigen Punkt erfasst. Ich bin gegen nichts Bestimmtes,
weil ich nicht für etwas Bestimmtes bin. Ich bin nur für
das Leben – das Leben mit seinem ungeheuren Reichtum. Ich glaube nicht, dass die Verfechter der Makrobiotik mit dem übereinstimmen, was er sagt: „Makrobiotik ist reiner Taoismus."

Kein Prinzip, keine Theorie kann reiner Taoismus sein.
Selbst Taoismus ist nicht reiner Taoismus. Darauf hat
Laotse sein ganzes Leben bestanden. Er versagte es
seinen Schülern und lehnte alle Bitten ab, eine Theorie
aus seinem ganzen Prinzip zu machen, weil er sagte:
„Sobald man das Tao ausspricht, ist es nicht mehr das
Tao. Die Wahrheit kann nicht gesagt werden, man
kann sie nicht zur Theorie machen." Nur ganz zum

Schluss schrieb er etwas – und das auch nur unter Druck. Er war dabei, China zu verlassen. Es scheint, er wollte nach Indien.

Jeder muss letzten Endes nach Indien aufbrechen. Indien ist kein geographischer Ort; es ist der Ursprung allen menschlichen Bewusstseins. Jeder, der sich zurückorientieren will, muss in den Orient kommen. Orient bedeutet einfach Orientieren.
Laotse… natürlich geben die chinesischen Gelehrten nicht zu, dass er nach Indien wollte; das würde ihr Ego verletzen. Sie sagen, dass er in den Süden ging, aber Indien liegt im Süden. Sie sagen, dass er in den Süden zog, aber Indien ist der Süden für China. Und natürlich erscheint es bedeutungsvoll, dass Laotse nach Indien zurückkam. Es ist bezeichnend. Jeder muss kommen. Indien ist jedermanns Zuhause.

Er wurde an der chinesischen Grenze von den Grenzbeamten festgehalten, und sie sagten: „Wir erlauben dir nicht, das Land mit deinem Schatz zu verlassen. Du musst deinen Schatz hierlassen."
Er fragte: „Was meint ihr?" Sie sagten: „Du musst ein Buch schreiben, bevor du unser Land verlässt. Du weißt etwas; du musst es aufschreiben und der Regierung übergeben. Dann kannst du gehen."
So wurde er an der Grenze von diesen Beamten dazu gezwungen. Er zog sich drei Tage zurück und schrieb in Eile das ganze *Tao Te King!*
Aber in der ersten Zeile sagt er: *„Tao* kann nicht ausgesprochen werden und das *Tao,* das man ausspricht,

ist nicht mehr *Tao*." Darum ist selbst der Taoismus nicht das reine *Tao* – der -Ismus macht es unrein.

Darum vergiss, dass Makrobiotik reiner Taoismus sein könnte. Sie ist eine Theorie, eine Hypothese. Wenn es keine Regeln oder Verbote gibt, warum musst du dir dann unnötigerweise über Makrobiotik den Kopf zerbrechen? Warum legst du dann Wert darauf, dich selbst einen Anhänger der Makrobiotik zu nennen, wenn es keine Regeln gibt. Aber es gibt sie. Ich wäre froh, wenn er Recht hätte. Ich wäre wirklich froh, er stellt genau meinen Standpunkt dar. Aber er kann von den Anhängern der Makrobiotik nicht Recht bekommen. Sie haben ihre Regeln und Vorschriften.

„Makrobiotik hat nichts mit braunem Reis zu tun."

Sie sind verrückt nach braunem Reis. Sie denken, dass brauner Reis Gott ist, und wenn du nicht von braunem Reis lebst, kannst du Gott nicht erkennen. Aber er meint: Brauner Reis wird von einigen Leuten fälschlicherweise als der Grundstein der Makrobiotik angesehen, aber er ist nur ein Element von vielen. Aber was bleibt dann übrig? Wenn selbst brauner Reis wegfällt und ignoriert wird und es keine Prinzipien und keine Anweisungen gibt und es reiner Taoismus ist, was bleibt dann übrig?

Ich bin gegen Marotten. Ich bin gegen ein diszipliniertes Leben. Ich bin nicht gegen Disziplin; ich bin gegen diszipliniertes Leben. Disziplin sollte von Augenblick zu Augenblick aus deinem inneren Wesen kommen. Sie sollte ein inneres Licht sein, nicht von außen aufgezwungen. Man sollte mit dem Leben in tiefem Einklang mitgehen. Man darf keiner Lehre folgen. Wenn du einer Lehre folgst, hast du schon einen Beschluss gefasst. Du lebst durch diesen Beschluss.

Du lebst von einem Punkt aus, der schon festgelegt ist. Dann bist du nicht frei. Du kannst nicht flexibel sein. Deine Prinzipien, deine Ideen, dein Standpunkt, deine vorgefasste Meinung werden dir nicht erlauben, flexibel zu sein. Du wirst deinen Schlussfolgerungen entsprechend reagieren.

Aber wenn du frei bist und in jedem Augenblick frisch entscheidest, was du für richtig hältst, und dich dabei nicht von vergangenen Vorsätzen leiten lässt, dann ist das vollkommen in Ordnung. Dann hast du Disziplin – wirkliche Disziplin, aber kein diszipliniertes Leben.

Jeder Mensch, der wirklich lebendig ist, kommt ohne Charakter aus, kann keinen Charakter haben. Charakter ist immer tot – eine tote Struktur um dich herum, überdeckt von der Vergangenheit, von vergangenen Erfahrungen.

Wenn du aus einem Charakter heraus handelst, handelst du überhaupt nicht; du reagierst nur. Du entsprichst nicht der Situation.

Jedes Eingehen auf jede Situation muss spontan sein. Das Leben erschafft eine Situation, eine Herausforderung und du antwortest darauf. Du antwortest durch dein Wesen, nicht von einem Standpunkt aus und durch keinen Vorsatz. Nicht durch die Vergangenheit, hier und jetzt kommt die Antwort – rein, frisch, neu. Das ist die Disziplin, die ich liebe.

Aber jede andere Disziplin, die du dir aufzwingst, die du praktizierst, ist gefährlich. Sie wird dich abtöten. Es gibt schon genug von solchen lebenden Toten. Ihre Disziplin hat sie getötet.

AUF DAS BEWUSSTSEIN KOMMT ES AN

Ist es für das spirituelle Wachstum nicht absolut unerlässlich, Vegetarier zu sein?

ES SPIELT keine Rolle, was du tust, sondern was du bist. Was du bist, ist wichtig, nicht, was du tust. Auf das Sein kommt es an, nicht auf das Haben. Auf das Bewusstsein kommt es an, nicht auf den Charakter; denn nicht der Charakter bildet das Bewusstsein – das Bewusstsein bildet den Charakter.

Bist du religiös, bist du spirituell, dann werden sich die Dinge um dich herum verändern. Vielleicht wirst du zum Vegetarier, vielleicht auch nicht. Darauf kommt es nicht an. Die Menschen sind so verschieden! Vegetarier zu sein ist aber keine wesentliche Voraussetzung für Spiritualität. Es hat spirituelle Leute gegeben, die Vegetarier waren, und es hat spirituelle Leute gegeben, die es nicht waren. Und es ist gut, dass das Leben so vielfältig ist, und es auf der Welt so viele verschiedene Leute gibt, sonst wäre es ausgesprochen langweilig. Überleg mal, wenn nur Mahaviras – nackte Vegetarier – auf der Erde herumwandern würden … Kein Krishna, kein Christus, kein Buddha, kein Mohammed, kein Mansur. Das wäre eine sehr arme Welt, ausgesprochen hässlich. Dabei ist Mahavira wunderschön. Aber wenn es nur noch Mahaviras gibt, können sie nicht mehr schön sein.

Gott erschafft nie den gleichen Menschen zweimal. Der Grund liegt auf der Hand: einmal ist genug, einmal ist mehr als genug. Gott ist völlig zufrieden. Er wiederholt sich nie, er kopiert nie. Für ihn gibt es nur Originale, er hält nichts von Kopien.

Ich sage also nicht, dass deine Ernährung eine wichtige Voraussetzung für deine Spiritualität ist. Aber deine Spiritualität kann möglicherweise deine Nahrungsgewohnheiten ändern. Aber auch das kann man nicht vorhersagen. Ich lasse dir deine Freiheit. Jesus trank und ist deswegen nicht weniger spirituell. Ein spiritueller Mensch, der trinkt, wäre zum Beispiel für Patanjali undenkbar. Aber das ist seine Art die Dinge zu sehen. Jesus könnte nicht begreifen, warum Patanjali nicht trinkt. Wer sollte denn sonst trinken, wenn nicht Patanjali? Wer sollte denn sonst feiern, wenn nicht er? Er hat das Ziel erreicht und könnte tanzen und feiern!

Aber jeder feiert auf seine Art. Du kannst auch aus dem Fasten ein Fest machen. Die Menschen sind verschieden. Wenn du dir darüber im Klaren bist, wirst du niemals zum Fanatiker. Sonst ist diese Gefahr immer gegeben. Die größte Gefahr auf dem Wege des spirituellen Wachstums ist der Fanatismus.

Alle so genannten Religionen sind fanatisch, denn sie erlauben nur das, was ihre Schriften und Begründer sagen. Alles andere wird geleugnet. Damit wird es in enge Grenzen gezwungen. Aber das Leben ist unbegrenzt, es ist unendlich.

Du willst etwas über Nahrung wissen. Aber ich spreche nicht über Nahrung; ich spreche über dich. In dir haben die Dinge zu geschehen. Sind sie geschehen, bin ich nicht mehr um dich besorgt. Was du von dann an tust, wird immer richtig sein. Lasst es mich so sagen: Es gibt keine Handlung, die richtig wäre, und keine, die falsch wäre. Es gibt nur Menschen, die richtig sind, und solche, die falsch sind. Tut die richtige Person etwas, ist es richtig. Tut die falsche Person etwas, ist es falsch. Richtig oder falsch haben nichts mit der Tat zu tun; alles hängt davon ab, wer hinter der Tat steht.

Ein Beispiel: Buddha hatte seinen Jüngern, seinen Mönchen aufgetragen: „Was immer euch gegeben wird, habt ihr zu essen. Verlangt nach nichts und fallt nicht der Gesellschaft zur Last. Geht einfach los und bleibt vor einem Haus stehen. Wenn die Leute euch etwas geben wollen, werden sie es tun. Ihr sollt nicht einmal danach fragen und auch nicht sagen, was ihr braucht. Was immer gegeben wird nehmt es in tiefer Bescheidenheit und Dankbarkeit an und esst es."

Eines Tages kam ein Mönch aus der Stadt zurück, in der er um Essen gebettelt hatte, als eine Krähe über ihn hinwegflog und ein Stück Fleisch in seine Bettelschale fallen ließ.

Nun hatte Buddha doch gesagt: „Was immer euch gegeben wird ..." Der Mönch war irritiert, er hatte nicht um Fleisch gebeten, es war in seine Schale hineingefallen; er hatte nicht danach verlangt. Was sollte er tun? Er begann nachzudenken: „Soll ich es wegwerfen – oder soll ich es essen?" Buddha hatte doch gesagt: „Wirf nichts weg, iss, was immer dir gegeben wird." – „Soll ich es nun wegwerfen oder soll ich es annehmen?"

Dieses Problem war noch nie aufgetaucht. Also dachte er sich: „Es ist besser, Buddha zu fragen." Als sich alle versammelt hatten, brachte er seine Bettelschale und fragte Buddha: „Was soll ich tun?" Buddha schloss

die Augen und überlegte einen Augenblick. Er überlegte aus zwei Gründen. Einmal, wenn er sagte: „Wirf
es weg", würde er damit einen Präzedenzfall schaffen,
Dinge wegzuwerfen. Da die Menschen sehr raffiniert
sind, würden sie später einmal meinen, dass Buddha es
freigestellt hat, Sachen wegzuwerfen, die anscheinend
nicht in Ordnung sind. Und dann würden sie damit
anfangen, Nahrung wegzuwerfen, die sie nicht mochten. Das wäre Verschwendung. Und dann dachte er:
„Es wird wohl nicht jeden Tag eine Krähe Fleisch fallen lassen. Dies ist bloß ein Zufall und ein Zufall sollte
nicht zur Regel gemacht werden. Es ist eine Ausnahme." Also sagte er: „Es ist in Ordnung. Was immer
dir gegeben wird, selbst das Fleisch, das eine Krähe fallen lässt – du musst es essen."

Dieser Vorfall gab der gesamten Geschichte des
Buddhismus eine neue Richtung – auf versteckte
Weise. Die Mönche und Nonnen begannen die Neuig-
keit unter den Menschen zu verbreiten, dass sie alles,
selbst Fleisch, annehmen würden. Und der Buddhismus wurde zu einer fleischessenden Religion, nur
wegen dieser Krähe. Seht ihr? Krähen sind wichtiger
als eure Buddhas, sie machen Geschichte. Der Mensch
ist so dumm, dass er lieber einer Krähe folgt als einem
Buddha.

Ich mache dir keine Vorschriften, was du zu essen hast
und was nicht. Ich sage dir einfach, werde mehr und
mehr bewusst, werde wacher und wacher. Und lass
dein Bewusstsein entscheiden.

Dein Leben ist so kompliziert, dass solch detaillierte Richtlinien für alles – zum Beispiel, was ihr essen dürft und was nicht – sowieso nie vollständig sein können. Es wird immer etwas fehlen. Sieh dir die Schriften der Jains an, sie sind sehr detailliert. Darum sind sie nicht einmal lesenswert – sie ergehen sich in lauter unnötigen Einzelheiten: wie viele Kleider ein Mönch haben darf, wie viel Nahrung er zu sich nehmen darf, wie er essen soll – stehend oder sitzend – wie er betteln soll, wie viele Dinge er annehmen darf, wie viele Mönche zusammen betteln dürfen, ob Nonnen und Mönche zusammen sein dürfen oder nicht, wie viel Abstand gehalten werden muss… unzählige Einzelheiten. Wenn eine Nonne krank ist, darf ein Mönch dann ihren Körper berühren oder nicht? Einzelheiten über Einzelheiten. Je nachdem, ob sie jung oder alt ist; ist sie alt, darf er es, ist sie jung, darf er es nicht. Nimmt eine Nonne ein Bad, darf der Mönch sie ansehen oder nicht?

So geht es immer weiter – die Schriften scheinen überhaupt nichts mit Religion zu tun zu haben. Sie beschäftigen sich mit solchem Unsinn. Und trotzdem können sie nicht vollständig sein. Denn was ist zum Beispiel, wenn ein Mönch ins Kino gehen will? Damals gab es keine Kinos; ja, was nun? Du musst also für dich selbst entscheiden. Darf ein Mönch das Foto einer Nonne sehen oder nicht? Damals gab es keine Fotos. Und du darfst den Schriften nichts hinzufügen, sie sind ja nicht zu übertreffen. Also musst du immer deine eigene Lösung finden.

Wenn jeder doch seinen eigenen Weg finden muss, warum dann ein solcher Wust von Details? Ich gebe dir einfach ein Licht. Und dieses Licht wird ausreichen, um deinen eigenen Weg zu finden. Ich gebe dir keine Landkarte und keine Anleitung, ich sage nicht etwa: „Geh erst hundert Kilometer geradeaus, dann nach rechts und dann nach links." Für diese Reise gibt es keinen Plan.

Ich möchte euch eine Parabel erzählen:

Unter den Jugendlichen des Landes entstand plötzlich wieder Interesse an richtiger Ernährung. Die verschiedensten Diäten wurden angeboten. Sie gaben neue Informationen darüber, wie, wann, was am besten zu essen sei. Mit diesen Theorien tauchten auch grimmige Anhänger auf, denn Essen ist ein sehr seriöses Thema.

Ein junger Mann schwor: „Nur ganze Körner, mit Früchten und Nüssen!" Seine Freundin meinte: „Mische Früchte nicht mit Gemüse!" Und ihre Zimmernachbarin war strikt gegen Vitamin C, dafür aber sehr für Vitamin D und E. Und deren Cousine riet, alle zehn Tage einen Fastentag einzulegen. Ein Freund, der in einem Reformhaus arbeitete, sagte: „Auf die Mineralstoffe kommt es an." Und jeden Abend kaute er auf einem Esslöffel voll Erde herum, ansprechend verpackt und hoch gepriesen in der Werbung.

Manche entdeckten, dass bestimmte Nahrungsmittel wunderbare Heilkräfte enthielten, und zeitweise gab es Lieferschwierigkeiten für Feigen, Aprikosenkerne, Yak-Butter, Sägespäne und Regenwürmer. Dann tauchte die Frage auf, ob man diese Nahrungsstoffe nicht dadurch noch verbessern könnte, dass man sie auf ihre eigentlichen Wirkstoffe reduzierte. Ein junger Mann hatte gelesen, dass alle Vitamine innerhalb der Zellwände eingeschlossen sind, und begann, seine Mahlzeiten mit einem Mixer zuzubereiten. Er mixte Brot, Früchte und Käse mit Weizenkeimen, Algen und Erdbeerjoghurt, und von nun an bestanden seine Mahlzeiten aus einem grauen Klebstoff.

Dann wurden die Essgewohnheiten noch exotischer. Ein sehr ernsthafter Mann hörte, dass gewisse Yogis nur von Luft leben können, und er versuchte es damit für eine Weile. Und er wiederum hatte einen engen Freund, der von der uralten Methode gehört hatte, den Magen umzustülpen, um die Verdauungssäfte anzuregen. Leider war er gezwungen, damit aufzuhören, da die Nachbarn sich über die seltsamen Geräusche beschwerten.

Die allgemeine Verwirrung entstand also nur dadurch, dass eben jede Theorie ein Körnchen Wahrheit in sich trägt. Und die Leute wechselten von einer Diät zur andern und fühlten sich schuldig, weil sie nach wie vor Dinge mochten, die sie nicht mehr zu mögen hatten. Jedoch blieben sie ihren Diätvorschriften treu, und wie das nun mal so ist, glaubt jeder, dass seine neueste Diät das Wundermittel für die Menschheit sei. Die häufigsten und hitzigsten Debatten jedoch, die im ganzen Land geführt wurden, gingen um die Frage nach vegetarischer oder fleischlicher Kost.

Eines Tages kam ein weiser Mann in die Stadt. Eine Menschenmenge versammelte sich um ihn und man stellte ihm alle möglichen Fragen: über Verstand, Seele, Gott, Sterne, Liebe, Schicksal und die Bedeutung des Sanskrit. Das waren alles unstrittige Themen. Aber dann fragte ein junger Mann: „Soll ich Fleisch essen?" Schweigen fiel über die Menge, denn dies war wichtig. Der weise Mann antwortete mit einer Gegenfrage: „Wie fühlst du dich, wenn du Fleisch isst?" Der junge Mann dachte einen Augenblick lang darüber nach und meinte dann: „Nun, nicht besonders." Daraufhin entgegnete der weise Mann: „Dann iss es eben nicht." Zustimmendes Gemurmel ertönte aus den Reihen der Vegetarier.

Da erhob sich ein anderer junger Mann und sagte: „Ich mag Fleisch und es bekommt mir auch." Da sagte der weise Mann: „Schön, dann iss es." Und zustimmendes Gemurmel unter den Fleischessern ertönte. Dann wurden die Stimmen lauter und die Diskussion begann von neuem.

Plötzlich begann der Weise zu lachen. Zuerst war es ein Kichern, das die ernste Menge so rührte, dass sogar einige lächelnde Gesichter zu sehen waren. Und der Anblick des Weisen, der lachend auf dem kleinen Podium saß, war so ansteckend, dass die Menge mit ihm zu lachen begann. Und, wie so oft, war einer in der Menge, der eine besonders komische Lache hatte, und dies reizte den weisen Mann derart, dass er vor Lachen auf- und abzuhüpfen begann, bis er fast von seinem Sitz fiel. Und das gefiel der Menge so sehr, dass ein gewaltiges Gelächter anschwoll und durch die Straßen hallte. Passanten, die keine Ahnung hatten, was eigentlich los war, wurden so von dem Gelächter angesteckt, dass sie stehen blieben und mitmachten, bis sich eine Riesenmenge lachender Menschen versammelt hatte. Nun, so ging es weiter und weiter und schließlich gab es keinen mehr, der sich erinnern konnte, jemals solchen Spaß gehabt zu haben. Und das Schönste an allem war: An diesem Tag hatte niemand Verdauungsstörungen.

Denke daran: Was gut für dich ist, ist in Ordnung. Lege dir keine unnötigen Regeln auf. Du bist ja schon in einem Gefängnis, schaffe dir nicht ein noch größeres Gefängnis. Aber bei alledem merke dir eines: Arbeite so intensiv wie möglich an deinem Bewusstsein. Vergiss alle Charakterbildung. Nur Dumme und Kleingeister kümmern sich um den Charakter. Kümmere dich ausschließlich um das Bewusstsein. Und wenn du bewusst bist, ein bisschen wacher und aufmerksamer, wenn in deinem Innersten ein Licht zu brennen beginnt, wenn du imstande bist zu sehen, dann wird sich vieles ändern. Aber nicht aufgrund irgendwelcher Richtlinien, Ideologien oder fanatischer Lehren. Durch dein eigenes Verstehen wird sich einfach vieles ändern. Ich habe das Gefühl – wohlgemerkt, es ist mein Gefühl und braucht für dich nicht zum Gebot werden – ich habe das Gefühl, dass es dir durch ein verändertes, wacheres Bewusstsein immer weniger möglich sein wird, Dinge zu essen, um derentwillen Tieren Schmerz zugefügt wird, um derentwillen das Leben von Tieren zerstört wird. Aber dies ist kein Gebot und hat nichts mit Spiritualität zu tun. Es hat lediglich etwas mit ästhetischem Empfinden zu tun.

Für mich hat diese Frage mehr mit Ästhetik als mit Spiritualität zu tun. In diesem Sinn würde ich Mahavira ästhetischer nennen als Jesus. Spirituell sind sie beide, aber Mahavira ist ästhetischer. Es ist einfach hässlich, Fleisch zu essen – nicht unspirituell, keine Sünde – es ist lediglich hässlich und schmutzig, dafür Tiere zu töten.

Stell dir das mal vor: Für deine kleinen Geschmacksknospen, die auf vielerlei Art befriedigt werden können, werden auf der Welt Millionen von Tieren gepeinigt. Das ist unästhetisch. Du zeigst damit, dass du unpoetisch und gefühllos bist.

Spiritualität ist möglich, aber ein Mensch sollte nicht nur spirituell sein, sondern auch ästhetisches Empfinden haben. Wenn du mich fragst: „Ist es für meine Spiritualität notwendig, einen Picasso im Badezimmer hängen zu haben?", dann werde ich dir sagen, dass dem nicht so ist. Du kannst auch ohne ein Gemälde von Picasso spirituell werden, dafür brauchst du kein Gemälde. Aber es ist ästhetisch, ein Gemälde im Zimmer hängen zu haben. Es schafft ein künstlerisches Milieu um dich herum, ein Gefühl von Schönheit.

Und wenn du erst einmal diesen Unterschied verstanden hast, wirst du kein Fanatiker sein. Kunst erzeugt keinen Fanatismus. Kunst ist weit weniger gewaltsam als eure so genannten Religionen – sie erzeugen Fanatismus.

Wenn du Gedichte schreibst, malst oder tanzt, hat dies nichts mit Spiritualität zu tun. Nur durch Malen wirst du nicht spirituell werden. Ein Mensch braucht kein

Maler zu sein, um spirituell zu werden. Spiritualität ist eine Sache für sich. Aber ein spiritueller Mensch wird vielleicht malen wollen.

Zen-Meister haben gemalt und dabei Großes geschaffen. Zen-Meister haben Gedichte geschrieben und ihre Haikus gehören zu den tiefsten Einsichten in Schönheit, Herrlichkeit, Realität. Niemand hat so tief geblickt wie die Zen-Dichter. Und mit so wenigen Worten! Sie haben großartige Poesie geschrieben. Andere müssen, um Dichtungen von dieser Qualität zu schreiben, dicke Bücher füllen – sie schreiben und schreiben… und reichen trotzdem kaum an solche Poesie heran. Aber es hat nichts mit Spiritualität zu tun.

Spiritualität ist möglich, auch ohne ein Dichter, Tänzer oder Musiker zu sein. Aber wenn du ein Musiker, Dichter oder Tänzer bist, wird dein Leben erfüllter. Die Spiritualität ist dann der Mittelpunkt und alle diese Gaben sind Randerscheinungen. Du wirst ein wesentlich erfüllteres Leben leben. Ein spiritueller Mensch kann auch sehr arm sein. Er hat vielleicht nicht einmal die Fähigkeit, Freude an Musik zu empfinden. Das kann man überall auf der Welt beobachten. Wenn du mit einem Jain-Mönch über klassische Musik sprichst, wird er kein Wort von dem verstehen, was du erzählst. Er wird dir sagen: „Sprich nicht über weltliche Dinge mit mir, ich bin ein spiritueller Mensch. Ich höre mir keine Musik an." Wenn du über Poesie sprichst, wird er uninteressiert sein. Sein Leben ist trocken, ohne Saft. Er mag spirituell sein, aber sein Leben ist eine Wüste. Wenn es also möglich ist, sowohl spirituell als auch ein blühender Garten zu sein, warum dann die Wüste vorziehen? Wenn du spirituell und poetisch sein kannst, warum nicht beides sein?

Dein Leben kann so viele Dimensionen wie möglich haben, lebe ein multidimensionales Leben. Werde ästhetischer, verantwortlicher.

Aber ich gebe euch keine detaillierten Anleitungen. Und vergiss nicht, diese Dinge sind keine unerlässlichen Voraussetzungen, um ein spiritueller Mensch zu sein. Sie werden dir nicht zur Erleuchtung verhelfen und sie werden dich nicht daran hindern. Aber die Reise dahin kann wunderschön sein oder sie kann durch die Wüste führen. Es hängt ganz von dir ab.

Mir geht es darum, dir zu einer fröhlichen Reise zu verhelfen. Mir geht es nicht nur um das Ziel – der „spirituelle" Mensch hingegen kümmert sich lediglich um das Ziel. Er hat es eilig, er ist ungeduldig, das Ziel zu erreichen. Er kümmert sich nicht darum, was am Straßenrand passiert. Und dabei blühen Tausende von Blumen auch dort. Und die Vögel singen ihre Lieder, die Sonne geht auf und die Nacht ist voller Sterne. All dies ist auch schön; genieße doch auch die Reise.

Wenn du durch diese verzauberten Länder fahren kannst, warum nicht? Aber grundsätzlich musst du dich um eine höhere Bewusstheit kümmern. Und was immer sich mit dem Licht dieses Bewusstseins erfüllt, dem folge. Lasse dein Bewusstsein das einzige Gesetz sein. Ein anderes Gesetz gebe ich euch nicht.

VOR EIN PAAR JAHREN kam ein Mann zu mir, der seit langem an Verstopfung litt. Er war sehr reich und hatte jede Medizin, jede Behandlungsmethode ausprobiert – von der Allopathie zur Homöopathie – alles. Er konnte genug Geld darauf verschwenden und genug Zeit, das war also kein Problem. Er war überall auf der Welt gewesen, um seine Verstopfung loszuwerden, aber je mehr er es versuchte, umso schlimmer wurde es damit. Es war tief verwurzelt. Er kam zu mir und fragte: „Was soll ich machen?"

Ich sagte ihm: „Verstopfung kann nur ein Symptom sein; sie kann nicht die Ursache sein. Die Ursache muss irgendwo in deinem Bewusstsein liegen." Also riet ich ihm etwas ganz Einfaches. – Er konnte es nicht glauben, er sagte: „Wie ist das möglich? So einfach! Das soll mir helfen? Willst du mich zum Narren halten? Ich habe alles versucht – und eine so einfache Sache soll helfen? Das kann ich nicht glauben!" Aber ich sagte: „Versuche es nur."

Ich sagte ihm, er solle nur das eine tun – sich ständig daran erinnern: „Ich bin nicht mein Körper." Sonst nichts. Natürlich konnte er es nicht glauben; wie sollte ihm das helfen?

Der Mensch identifiziert sich mit seinem Körper. Zu viel Identifikation mit dem Körper führt zu Verstopfung. Du hältst fest! Du ziehst dich zusammen. Du lässt den Körper nicht gehen. Du lässt ihn nicht in Fluss kommen. Das bedeutet Verstopfung.

Verstopfung ist eine spirituelle Krankheit. Hör auf dich mit dem Körper zu identifizieren. Erinnere dich immer daran: „Ich bin nicht der Körper. Ich bin Zeuge."

Er versuchte es drei Wochen und dann sagte er: „Es funktioniert! Etwas in mir beginnt loszulassen!" Es kann gar nicht anders sein. Wenn du nicht der Körper bist, beginnt der Körper zu funktionieren; du mischst dich nicht ein, du kommst ihm nicht in die Quere – und der Körper tut seine Arbeit.

Hast du schon einmal ein Tier mit Verstopfung gesehen? Kein Tier in der freien Natur hat Verstopfung. In Zoos kann man Tiere mit Verstopfung finden. Oder bei Haustieren, Katzen und Hunden, die mit dem Menschen leben und von der menschlichen Art beeinflusst sind, die von den Menschen verdorben wurden – bei ihnen kann Verstopfung vorkommen. Ansonsten gibt es in der Natur keine Verstopfung. Der Körper regelt das auf seine Weise. Er ist im Fluss. Er ist nicht erstarrt; er hat keine Blockaden. Blockaden kommen durch Identifikation.

Ich sagte dem Mann: „Identifiziere dich einfach nicht mit dem Körper. Sei dir bewusst, dass du ein Zeuge bist. Und sage niemals: ‚Ich habe Verstopfung', sondern sage: ‚Der Körper hat Verstopfung und ich bin Zeuge!'" Der Körper entspannte sich. Der Magen fing an zu funktionieren, denn nichts stört den Magen mehr als der Verstand. Wenn du dir Sorgen machst, kann der Magen nicht gut arbeiten. Wenn du dich mit dem Körper identifizierst, kann er nicht gut im Fluss sein. Darum brauchst du auch, wenn du sehr krank bist, tiefen Schlaf, denn nur im Tiefschlaf vergisst du den Körper und alles kommt wieder in Fluss.

Die Änderung trat ein. Er kam und erzählte mir, dass etwas Neues geschehen war: „Ich war immer ein

Geizkragen und jetzt fühle ich mich weniger geizig."
So muss es kommen, denn Geiz steht in engem Zusammenhang mit Verstopfung. Es bedingt sich gegenseitig: Wenn du geizig bist, wirst du an Verstopfung leiden; wenn du an Verstopfung leidest, bist du auch geizig. Verstopfung ist eigentlich ein tief gehender Geiz
des Körpers nichts loszulassen, nichts aus dem Körper
herauszulassen. Behalte alles für dich!
Wenn du die Ebene deines Bewusstseins veränderst,
beginnen die Probleme sich zu verändern.

Eine Frau kam zu mir – sie war sehr dick und natürlich
war sie hässlich geworden. Auch sie hatte alles versucht: Diät, Gymnastik, Yoga; allen möglichen Unsinn
hatte sie ausprobiert. Aber nichts half, sie setzte immer
mehr Fett an. Ich sagte ihr: „Das scheint nicht der
wahre Grund zu sein. Irgendwo tief drinnen verbirgt
sich etwas anderes. Dies ist nur ein Symptom."
Ich redete mit ihr; sie kam oft und nach und nach ver-
riet sie alles, ohne es zu wissen, enthüllte sie ihr Herz.
Von Kindheit an war sie verschlossen gewesen. Sie
hatte das Gefühl, dass keiner sie liebt. Und wenn eine
Frau das Gefühl hat, dass keiner sie liebt, muss sie
jemanden oder etwas finden, dem sie die Verantwortung dafür geben kann. Niemand kann sich vorstellen: „Ich bin nicht liebenswert." Also fand sie die
Entschuldigung in ihrem Körper – „Niemand liebt
mich, weil mein Körper so hässlich ist. Nicht ich bin
hässlich, sondern mein Körper, und darum liebt mich
keiner. Der Körper ist an allem schuld." Sie versucht
immer wieder abzunehmen, aber nichts hilft, kann gar

nicht helfen. Sie mästet sich immer weiter, weil ein tief liegender Grund vorhanden ist, nämlich ihr eigener Schutzmechanismus. Wenn der Körper hässlich bleibt, fühlt sie sich sicher. Niemand liebt sie, wegen ihres Körpers. Wenn der Körper in Ordnung wäre und es liebte sie dann noch immer keiner, müsste sie selbst die Verantwortung dafür übernehmen. Dann würde sie fühlen, dass sie nicht liebenswert ist – und das zu ertragen, ist zu viel.

Sobald ihr dieser Zusammenhang klar wurde, begannen sich die Dinge zu verändern. Sie aß genauso viel, aber ihr Gewicht nahm ab: keine Diät – nur das Klarwerden der Ursache. Das Verstehen brachte die Transformation. Sie wurde rank und schlank. Und natürlich schön! Und natürlich fingen die Leute an, ihren Charme wahrzunehmen. Jeder Mensch hat Charme. Es gibt niemanden, der nicht seinen eigenen Zauber hat. Vielleicht lässt er ihn nicht spürbar werden, aber im Grunde ist jeder von einer schönen Aura umgeben. Und als die Leute anfingen, sie zu mögen, sie sympathisch zu finden, fing sie selbst an, ihren Körper zu lieben. Jetzt entspannte sich der Körper. Und ein entspannter Körper ist immer schön. Aber zuvor musste ihr etwas klar werden.

Das ist der ganze Ansatz der westlichen Psychoanalyse: Tatsachen an die Oberfläche zu holen, damit sie verstanden werden – und durch das bloße Verstehen wirst du verändert.

Jemand, der vom Essen besessen ist, ist verrückt; und jemand, der vom Nicht-Essen besessen ist, ist ebenfalls verrückt. Beide zerstören ihren Körper; sie sind Feinde ihres Körpers. Und man hat das Fasten als einen Trick verwendet.

Immer, wenn du fastest, wird deine Energie vermindert. Sie muss sinken, denn es ist Nahrung nötig, um sie ständig im Fluss zu halten. Nach drei oder vier Fastentagen ist die Energie so vermindert, dass der Verstand nicht mehr seinen nötigen Anteil bekommt, denn der Verstand ist ein Luxus. Wenn der Körper zu viel Energie hat, gibt er dem Verstand davon ab. Der Verstand ist jünger, ein Spätankömmling in dieser Welt. Der Körper kam zuerst; er ist das Primäre.

Zuerst müssen die Bedürfnisse des Körpers erfüllt werden und erst dann die des Verstandes. Genauso ist es, wenn du Hunger leidest, dann kannst du keinen Philosophen aushalten. Wenn Hunger herrscht, dann muss zuerst der Philosoph gehen. Er kann nicht dableiben. Philosophie kommt erst, wenn eine Gesellschaft reich ist, wenn sie im Überfluss lebt. Religion kommt erst, wenn eine Gesellschaft reich ist, wenn die Grundbedürfnisse erfüllt sind. Und dasselbe gilt für die Ökonomie des Körpers: Zuerst kommt der Körper und erst danach der Verstand. Wenn der Körper in Schwierigkeiten ist, wenn er nicht die notwendige Zuteilung bekommt, dann wird die Energiemenge für den Verstand sofort herabgesetzt.

Diesen Trick haben die Menschen immer schon mit ihrem Körper gespielt: Wenn die Energiezufuhr für den Verstand verringert wird, kann der Verstand nicht denken, weil zum Denken Energie nötig ist. Und die Leute denken dann, dass sie meditativ geworden seien, weil der Verstand keine Gedanken mehr produziert. Das stimmt aber nicht. Sobald sie essen, kehren die Gedanken zurück. Wenn die Energie nicht fließt, wird der Verstand wie ein Flussbett im Sommer – der Fluss führt kein Wasser, aber die Ufer sind da und warten. Sobald es regnet, fängt der Fluss wieder zu fließen an. Sobald Energie da ist, hebt die Schlange wieder ihren Kopf. Die Schlange ist nicht tot, sondern nur im Koma, weil keine Energie geliefert wird.

Fasten ist ein Trick, um einen falschen meditativen Zustand herbeizuführen. Und Fasten ist auch ein Trick, um einen falschen Zustand von *Brahmachariya,* von sexueller Enthaltsamkeit, herbeizuführen, denn beim Fasten ist die Energie zu gering, um ins Sexzentrum zu gelangen.

Auch hier ist es eine Frage der Ökonomie: Das Individuum lebt durch Nahrung; die Menschheit lebt durch Fortpflanzung, die menschliche Rasse lebt durch Sex. Du bist hier, weil deine Eltern sich liebten, weil sie sexuell zusammen waren. Wenn du dich sexuell betätigst, werden deine Kinder hier sein, wenn du nicht mehr hier bist. Ohne Sex gibt es keine Zukunft. Dann trägst du nicht bei zum Weiterbestand deiner Rasse. Wenn jeder zum *Brahmachari* wird, wenn jeder sich des Sex enthält, verschwindet die Gesellschaft.

Durch Nahrung überlebt der individuelle Körper; durch Sex überlebt der Körper der Rasse. Das Erste ist individuell, denn wenn es das Individuum nicht gäbe, wie könnte die Rasse überleben? Darum ist das Individuum primär und die Rasse ist sekundär. Wenn du voll Energie bist und der Körper fühlt sich gut, dann wird dem Sexzentrum unmittelbar Energie zugeführt. Jetzt hast du genug, um es mit der Rasse zu teilen. Wenn der Energiestrom vermindert ist, verschwindet der Sex. Faste zehn Tage und du wirst spätestens am zehnten Tag bemerken, dass du nicht mehr an Frauen interessiert bist. Wenn du länger fastest, fünfzehn Tage, wirst du spätestens am fünfzehnten Tag feststellen, dass selbst die tollsten Playboy- und Playgirl-Magazine liegen bleiben und du sie nicht mal in die Hand nehmen magst. Sie werden liegen bleiben und verstauben. Es berührt dich nicht.

Wenn du immer weiter fastest, wirst du spätestens nach einundzwanzig Tagen wie ein Buddha dasitzen, selbst wenn nackte Frauen um dich herum tanzen. Nicht, dass du wie ein Buddha geworden bist – ein Tag gut Essen und am nächsten Tag interessierst du dich wieder für Playboy und Playgirl. Am dritten Tag wird die Energie wieder fließen und du wirst nach den Frauen Ausschau halten.

Die Psychologen betrachten einen Mann, der sich nicht für Frauen interessiert, als nicht ganz gesund. Wenn eine Frau sich nicht für Männer interessiert, dann stimmt etwas nicht bei ihr; die Energie fließt nicht richtig. Und in neunundneunzig von hundert Fällen stimmt es; sie haben Recht. Nur beim hundertsten Fall haben sie nicht Recht, weil es sich um einen

Buddha handelt. Bei einem Buddha liegt es nicht daran, dass nicht genug Energie fließt. Bei ihm ist die Energie am intensivsten, auf ihrem Höhepunkt, am Gipfel. Aber dieser Mensch ist anders, bewegt sich in einer anderen Dimension. Er ist nicht mehr am andern interessiert, weil er mit sich selbst so erfüllt ist.

DER EINE besteht darauf, sich nur vegetarisch zu ernähren; das ist seine Vorstellung von Reinheit.

Ein anderer besteht sogar darauf, nicht alle Gemüse zu essen, sondern nur Früchte – und nennt sich deshalb „Fructarier", und obendrein nur reife Früchte, die von selber vom Baum fallen, sodass dem Baum kein Schaden angetan wird. Der kommt sich dann erst richtig rein vor. Wieder ein anderer bildet sich ein, das Allerreinste wäre, ausschließlich Milch zu trinken.

In Indien gilt Milch als die reinste Kost – *Sattvic*, das Allerreinste. Nun, das ist merkwürdig, denn Milch ist ein Tierprodukt. Sie kommt aus dem Tierkörper, genau wie Eier. Und ist keineswegs für euch bestimmt, sondern für die Kinder des Tieres. Und obendrein ist sie gefährlich, denn die Kuh gibt ihre Milch ihrem Kind, und ihr Kind wird zum Bullen!

Nun, in Indien glauben die Leute, durch Milchtrinken würde man zölibatär – das ist alles Quatsch – du wirst zum Bullen! Wo soll da das Zölibat herkommen? Milch ist reinste Sex-Kost.

Aber die Menschen neigen zu Extremen.

Einmal ist mir ein Mann begegnet, der nur von Wasser lebte. Er war am sterben, nicht am leben. Man kann mit Wasser zumindest noch drei Monate am Leben bleiben, denn jeder hat genug Notfall-Fleisch am Körper angesetzt, das man in drei Monaten aufzehren kann. Nur von Wasser leben heißt tatsächlich sein eigenes Fleisch verzehren, denn Tag für Tag wird ein Pfund von deinem Gewicht verschwinden. „Wo ist es geblieben?", fragte ich den Mann. „Wer hat es verzehrt?"

Er geriet ganz außer sich. Er sagte: Du bist der Erste, der mich aus der Ruhe gebracht hat. Denn alle anderen sagen, dass es nichts Besseres gibt, dass Wasser das höchste *Sattvic* ist, die reinste Nahrung – zudem Wasser aus dem Ganges, nicht gewöhnliches Wasser."

Nun, das Wasser des Ganges ist das unreinste in ganz Indien, schließlich werden Leichen in den Ganges geworfen – in keinen anderen Fluss; denn wenn ein Toter in den Ganges geworfen wird, kommt der Betreffende, dem dieser Körper gehört hat, direkt in den Himmel. Folglich wimmelt es im Ganges von allen möglichen Krankheitserregern: Diese Toten sind vielleicht an Krebs gestorben oder Tuberkulose oder was nicht alles.

Und dieser Mann sagte: „Ich trinke nur Ganges-Wasser und du jagst mir richtig Angst ein! Du willst mir weismachen, dass ich mein eigenes Fleisch aufesse. Jetzt werde ich meine Ruhe nicht wieder finden!"

Ich sagte: „Was kann ich dafür? Du isst es halt. Wohin sonst verschwindet dein Gewicht?

Aber das sind die Vorstellungen, die Leute so haben. Reinheit wird so etwas sehr Törichtes.

GURDJIEFF HATTE folgende Methode: Wenn ein Vegetarier sein Schüler werden wollte, verlangte er als
Erstes von ihm: „Iss Fleisch!" Nun, so etwas ist für
einen Vegetarier ausgesprochen schockierend – dass
man ihm befiehlt, Fleisch zu essen. Und Gurdjieff war
ein unerbittlicher Meister; er konnte einen rauswerfen,
wenn man nicht auf ihn hörte, wenn man nicht tat, was
er verlangte, wenn man sich nicht der Disziplin unter-
warf. Er zwang einen einfach Fleisch zu essen.

Nun, wenn ein Vegetarier Fleisch isst, wird er hell-
wach – es bleibt ihm nichts anderes übrig. Er hat keine
Vorstellung von früher, keine vergangenen Erfahrungen mit dem Fleischessen. Ihr braucht euch nur mal
Mahatmi Gandhi vorzustellen, wie er Fleisch isst ... er
würde ungeheuer bewusst!

Wenn ein Fleischesser kam, dann sagte Gurdjieff etwa:
„Iss ein paar Wochen nur vegetarisch. Keinerlei Fleisch
– keine Eier, kein Fleisch, keine Milch, keinerlei tieri-
sche Nahrungsmittel. Iss einfach Gemüse."

Das gesamte körperliche System hatte sich auf ein
bestimmtes Muster eingespielt... So änderte er z.B. die
Essenszeiten der Leute. Wenn einer jeden Tag um ein
Uhr aß, bekam er zu hören: „Iss um neun." Wenn einer
täglich um zwölf schlafen ging, sagte er zu ihm, er solle
um zehn oder um zwei schlafen gehen. Er stellte einfach alles auf den Kopf. Hatte einer noch nie einen
Tropfen Wein genossen, zwang er ihn dazu Wein zu
trinken, nur um sein Verhaltensmuster zu brechen.
War einer bisher ein Trinker gewesen, dann hielt er ihn
vom Trinken ab.

Aus Gurdjieff wurden die Leute nicht schlau. Dabei

war seine Methode ganz einfach: Ihm ging es um Entautomatisierung.

Er war einer der größten spirituellen Meister unseres Zeitalters – völlig missverstanden. Natürlich waren alle gegen ihn. Wo hatte man je gehört, dass spirituelle Meister ihre Schüler zum Trinken zwangen – zwangen, wirklich zwangen!? Und er setzte sich daneben …

Ich halte nichts vom Fasten, ich halte etwas von Festen. Für mich gibt es nichts anderes als Feiern. Ich bin nicht gegen eure Genüsse – sie sind zwar nicht alles und man muss über sie hinausgehen, aber für sich genommen sind sie etwas Schönes.

Der Mensch darf sich nichts versagen, denn das Versagte wird sich rächen. Sobald du etwas verleugnest, wendest du dich gegen das *Tao. Tao* ist ein Fest, kein Fasten... Es bedeutet, natürlich zu leben. Fasten hat nur Zweck, wenn es natürlich zustande kommt.

Manchmal fasten auch Tiere. Ihr habt vielleicht beobachtet, wie euer Hund manchmal kein Essen zu sich nimmt. Du stellst das Futter vor ihn hin und er verweigert es. Aber er ist kein Jain – er fastet nicht aus Überzeugung. Er hat einfach keinen Appetit. Es ist keine Frage des Prinzips, keine Frage der Philosophie. Er ist krank, sein ganzes Wesen sträubt sich gegen das Futter. Er würde sich lieber erbrechen, statt zu fressen. Er sucht sich Gras, frisst es und erbricht es. Er möchte sich erleichtern, sein Magen ist nicht in der Lage noch mehr zu verdauen. Aber Fasten tut er nicht. Es ist etwas Natürliches.

Wenn es euch manchmal auch nach natürlichem Fasten zumute ist – nicht als Regel, nicht aus Prinzip, nicht aus weltanschaulichen Gründen, nicht aus selbstauferlegter Disziplin, sondern aus dem natürlichen Wunsch heraus – dann ist es gut. Selbst dann, denkt daran, steht euer Fasten im Dienst der Festlichkeit; ihr fastet, um wieder gut essen zu können. Fasten darf immer nur ein Mittel sein, niemals ein Zweck an sich. Und als Mittel wird es nur selten notwendig, nur ab und zu. Und wenn du ganz bewusst isst und jeden Bissen wirklich genießt, dann wirst du dich niemals überessen.

Mein Akzent liegt auf Bewusstheit, nicht auf einer bestimmten Essensregel. Esst gut und genießt es bis ins Letzte. Merk dir die Regel: Je weniger du dein Essen genießt, umso mehr musst du essen, um das wettzumachen. Wenn du langsam isst, jeden Bissen kaust und auskostest, dann gehst du ganz im Essen auf. Essen muss eine Meditation sein. Ich bin nicht gegen Wohlgeschmack, weil ich nicht gegen die Sinne bin. Sensibel, empfindlich sein, heißt intelligent, heißt lebendig sein.

Eure so genannten Religionen haben versucht, euch gefühllos zu machen, euch abzustumpfen. Sie sind gegen Geschmack, sie möchten eure Zungen am liebsten vollkommen abtöten, damit ihr überhaupt nichts mehr schmeckt. Aber das ist kein gesunder Zustand; nur wenn man krank ist, stumpft die Zunge ab. Bei voller Gesundheit ist die Zunge hoch empfindlich, voll Leben, durchblutet und energiegeladen. Nein, ich bin nicht gegen Geschmack, ich bin für Geschmack. Esst gut, genießt den Geschmack, er ist göttlich. Und genauso wie für Geschmack müsst ihr auch für Schönheit offen sein und sie genießen. Hört Musik und genießt sie. Betastet Steine, Blätter, Menschen – spürt die Wärme und die Struktur der Oberfläche, kostet alles aus.

Nutzt alle eure Sinne, nutzt sie mit ihrem ganzen Fassungsvermögen, dann lebt ihr wirklich und euer

Leben wird dabei zur Flamme. Es hört auf öde zu sein, es wird vor Energie und Vitalität lodern. Ich habe nichts für die Leute übrig, die euch gepredigt haben, die Sinne abzutöten. Sie sind Feinde des Körpers.

Vergesst nicht: Der Körper ist euer Tempel, der Körper ist eine göttliche Gabe. Er ist so zart und schön und wunderbar – ihn abzutöten wäre undankbar gegen Gott. Gott hat euch Geschmack verliehen; ihr habt ihn nicht selbst erfunden, ihr habt nichts dazugetan. Gott hat euch Augen gegeben und Gott hat diese psyche- delische Welt so farbig erschaffen und er gab euch Augen. Lasst zwischen euren Augen und dieser farbi- gen Welt eine tiefe Vereinigung geschehen. Gott hat alles so geschaffen und zu einer großen Harmonie gefügt. Zerstört diese Harmonie nicht!

Diese so genannten Mahatmas und Heiligen befinden sich nur auf Ego-Trips, und die einfachste Methode, sich groß und heilig zu fühlen, ist den Körper zu unter- drücken. Kinder tun das auch: Das kleine Kind fühlt den Stuhlgang kommen; es hält ihn zurück und fühlt sich stark dabei, weil es so seinen Willen spürt; es unterwirft sich nicht dem Körper. Seine Blase ist voll, aber das Kind hält zurück. Es will dem Körper bewei- sen: Ich bin nicht dein Sklave, ich bin dein Herr. Aber das sind selbstzerstörerische Angewohnheiten.

Hört auf den Körper. Der Körper ist nicht euer Feind, und wenn euer Körper euch etwas mitteilt, dann han- delt entsprechend, denn der Körper hat seine eigene Weisheit. Mischt euch nicht ein, geht nicht auf Kon- trollstation.

Darum lehre ich euch keine bestimmte Diät, ich lehre
euch lediglich Bewusstheit. Esst mit vollem Bewusstsein. Esst meditativ und dann werdet ihr nie zu viel
oder zu wenig essen. Zu viel ist so übel wie zu wenig.
Sich zu Überessen ist so schädlich wie zu starkes
Fasten; beides sind Extreme.

Die Natur will dich ausgeglichen, in einer Art Gleichgewicht, also halte dich in der Mitte. Geh nicht ins
Extrem. Ins Extrem gehen heißt neurotisch zu werden.
Es gibt daher zwei Arten von Essneurotikern: diejenigen, die immer weiter essen und nicht auf den Körper
hören. Ihr Körper schreit und brüllt: „Hör doch auf!"
und sie essen trotzdem weiter. Das sind die einen
Neurotiker.

Und dann gibt es noch die andere Sorte. Ihr Körper
schreit immerzu: „Ich sterbe vor Hunger!", aber sie
haben sich Fasten auferlegt. Keins von beiden hat
etwas mit Religion zu tun; beides ist neurotisch, beides
ist pathologisch. Diese Leute brauchen Behandlung,
sie gehören ins Krankenhaus. Denn ein religiöser
Mensch lebt ausgeglichen. Gleich, was er tut, er hält
immer die Mitte ein. Er geht nie ins Extrem, weil alle
Extreme zu Spannungen führen, zu Ängsten. Wenn du
zu viel isst, entsteht Angst, denn der Körper fühlt sich
überfordert. Und wenn du zu wenig isst, kommt Angst
auf, weil der Körper hungrig ist.

Ein religiöser Mensch ist jemand, der weiß, wann er
aufhören muss. Aber das muss aus eurer Bewusstheit
kommen und darf nicht aus irgendeiner Doktrin her-
geleitet werden. Wenn ich euch sage, wie viel ihr essen
sollt, dann bringt das Gefahren mit sich, denn es kann

sich nur um Durchschnittswerte handeln. Der eine ist sehr dünn und der andere sehr dick, und wenn ich euch vorschreibe, wie viel ihr essen dürft – „drei Kartoffeln" – dann mag das für den einen zu viel und für den andern noch gar nichts sein. Also gebe ich euch keine starren Regeln; ich gebe euch einfach einen Sinn für Bewusstheit.

Hört auf den Körper: Du hast deinen Körper. Und jeder hat seine Art von Energie, seine Art, am Leben teilzunehmen. Wenn man Professor an einer Universität ist, lebt man sich körperlich nicht sehr stark aus, und deshalb braucht man nicht viel zu essen, nur etwas Leichtes. Arbeitet man körperlich, dann braucht man mehr und reichhaltigeres Essen als ein Professor. Eine starre Regel ist da gefährlich. Keine Regel eignet sich als allgemeine Regel.

George Bernhard Shaw hat einmal gesagt, dass es nur eine goldene Regel gibt und die ist, dass es keine goldenen Regeln gibt.

Vergesst das nicht, es gibt keine goldenen Regeln. Es kann sie gar nicht geben, denn jedes Individuum ist so einzigartig, dass ihm niemand etwas vorschreiben kann. Also gebe ich euch nur eine gewisse Einsicht. Und meine Einsicht ist kein Prinzip, sie hat nichts mit Gesetzen zu tun. Mein Schwerpunkt liegt auf Bewusstheit, denn heute wirst du vielleicht mehr Nahrung benötigen und morgen nicht so viel.

Es ist außerdem nicht einfach nur eine Frage des Unterschieds von Mensch zu Mensch, sondern dein Leben selbst ändert sich von Tag zu Tag. An einem

Tag tust du gar nichts – da brauchst du nicht viel zu essen. Wenn du aber den ganzen Tag lang ein Loch im Garten gräbst, hast du wahrscheinlich einen Bärenhunger. Man braucht nur aufzupassen und fähig zu sein, auf die Stimme des Körpers zu hören. Haltet euch an den Körper.

Der Körper ist weder der Meister, noch der Sklave. Der Körper ist dein Freund – mach ihn dir zum Freund. Derjenige, der sich immerzu voll stopft, ist in derselben Falle wie derjenige, der immer nur fastet. Beide sind taub, sie hören nicht auf den Körper.

Aber wenn du mit Ehrfurcht isst, liebevoll, meditativ, dann wird dein Essen tatsächlich Gott geopfert, denn Gott ist in dir. Alles Essen wird dem Gott in dir dargeboten. Sei voller Ehrfurcht.

Iss mit Gefühl, iss mit Dankbarkeit. Die Nahrung gibt dir Leben, gibt dir Vitalität. Sie wird zu deinem Blut, zu deinen Knochen – sei dankbar, ohne sie kannst du nicht leben; sei dankbar. Und wenn du schweigend isst, wenn du meditativ dabei bist, wenn deine Gedanken nicht hin- und herschwirren, wenn du restlos darin aufgehst und völlig wach bist – dann ist es eine Opfergabe. Du hast das Essen Gott geopfert, weil du nichts als Gottes Hand, sein Instrument bist. Auf welchem Altar sonst willst du Gott dein Essen opfern?

Gott selbst isst durch dich, also überfüttere ihn nicht, sonst bekommt Gott Bauchschmerzen, und hungere Gott nicht aus, sonst knurrt ihm der Magen. Und Sprüche wie dieser sind lauter Dummheiten: Dass es Sünde sei, für den Gaumen zu essen. Wozu denn sonst?

Wenn es verboten ist, um der Augen willen zu sehen, wozu soll man dann sehen? Dann ist es auch Sünde, dem Ohr zuliebe zu hören, denn wozu soll man hören? Dann bleibt dir nichts – bring dich um, denn alles Leben kommt durch deine Sinne! Was immer du tust, du kannst es ohne Sinne nicht tun. Es kommt durch die Sinne, dass du dich ins Leben mischst und mit ihm strömst.

Wenn du mit Genuss isst, wird Gott in dir erfüllt und zufrieden sein. Und wenn du auf den Geschmack achtest, dann achtest du Gott im Essen.
Aber eure *Mahatmas*, eure so genannten religiösen Hirten haben euch beigebracht euch selbst zu foltern. Im Namen der Religion haben sie euch nichts als Masochismus beigebracht: „Quäle dich selbst! Je mehr du dich quälst, desto wertvoller wirst du in den Augen Gottes. Je unglücklicher du bist, desto tugendhafter. Wenn du glücklich bist, begehst du eine Sünde. Glück ist Sünde. Unglücklichsein ist die wahre Tugend." Das ist ihre Logik. Ich kann es nicht begreifen, es ist so absurd, so unlogisch, so greifbar dumm.
Gott ist glücklich. Wenn du also mit Gott im Einklang sein willst, dann sei glücklich. Das ist meine Lehre: Gott ist glücklich, also bring dich in Einklang mit Gott und sei auch glücklich, denn immer, wenn du dich glücklich fühlst, bist du im Gleichtakt mit Gott. Immer wenn du unglücklich bist, kommst du aus dem Takt. Ein unglücklicher Mensch kann nicht religiös sein.

Wenn ihr mich fragt, was Sünde ist, dann gibt es nur

eine Sünde: Unglücklichsein. Der Unglückliche ist der einzige Sünder. Glücklich, bis zum Rande glücklich sein heißt ein Heiliger sein. Lass dir von der Religion beibringen, wie du singen und tanzen und dich am Leben freuen kannst. Lass deine Religion eine bejahende Religion sein, eine ja-sagende Religion, eine Religion des Glücks, der Freude, der Seligkeit.

Habt ihr je gesehen, dass Tiere Freude am Essen bekunden? Keine Spur. Sie haben keine Feste und feiern keine Partys und sie tanzen und singen nicht.
Nur der Mensch hat aus dem Essen ein großes Fest gemacht. Und die gleiche Haltung findet ihr in allem Übrigen.
Gandhi sagt: „Geschlechtsverkehr darf nur dem Zeugen von Kindern dienen – sonst ist es Sünde. Liebe darf nur biologisch sein. Essen dient nur zum individuellen Überleben und Liebe dient nur zum Überleben der Rasse. Liebt euch nie zum Vergnügen." Wie die Tiere! Habt ihr schon mal einen Hund beim Geschlechtsverkehr gesehen? Schaut euch sein Gesicht an, ihr findet da kein Vergnügen, eher eine Art Pflicht. Er muss es tun; etwas in seinem Innern erzwingt es – der biologische Trieb. Und sobald er es hinter sich hat, vergisst er die Geliebte. Er trollt sich und sagt noch nicht mal Dankeschön. Fertig, er hat's hinter sich.
Nur Menschen können sich mit Spaß lieben. In dieser Hinsicht ist die Menschheit der Tierwelt überlegen – nur der Mensch liebt zum Vergnügen. Aus reiner Freude, nur weil es schön ist, nur um der Poesie und der Liebe willen.

Darum halte ich die Pille für eine der größten Revolutionen der Welt, denn sie hat das ganze Konzept der Liebe von Grund auf geändert. Heute kann man sich nur um der Freude willen lieben. Man braucht sich nicht mehr zum Sklaven der Biologie zu machen, man braucht sich nicht mehr nur zu lieben, wenn man ein Kind will. Jetzt sind Sex und Liebe völlig voneinander getrennt. Die Pille hat die größtmögliche Revolution gebracht: Sex ist jetzt Sex und Liebe ist Liebe. Sex ist die biologische Seite; Liebe ist es, wenn es zu einer hinreißenden Musik wird, in der sich zwei Körper vermengen, ineinander versinken, ineinander verschwinden, ineinander verlieren, in völlig neue Sphären von Harmonie und Rhythmus fallen... eine orgasmische Erfahrung. Kein Problem mit Kindern, kein biologisches Hin und Her mehr – nichts von alledem. Jetzt ist der Akt an sich schön, nicht mehr nur ein Mittel zum Zweck. Und das ist ein Unterschied!

Arbeit ist es, wenn es ein Mittel zum Zweck ist. Spiel ist es, wenn Mittel und Zweck zusammenfallen. Spiel ist es, wenn das Mittel selbst zum Zweck wird – es gibt keinen anderen Zweck. Iss aus Spaß an der Freude – dann bist du Mensch, menschlich – ein höheres Wesen. Liebt aus Freude an der Liebe – dann seid ihr Menschen, höhere Wesen. Hört aus Freude am Hören und ihr werdet frei sein von der Beschränkung der Instinkte.

Ich bin nicht gegen das Glück – ich bin ganz und gar dafür. Ich bin ein Hedonist. Und damit will ich sagen, dass alle großen Mystiker der Welt immer Hedonisten

waren. Wenn jemand kein Hedonist ist und so tut, als
wäre er ein religiöser Mensch, dann ist er keiner...
dann ist er ein Psychopath.

Denn Glück ist das eigentliche Ziel, die eigentliche
Quelle, der eigentliche Zweck aller Dinge. Gott ist auf
der Suche nach Glück – durch euch, durch millionen-
fache Formen. Gestattet ihm alles erdenkliche Glück
und verhelft ihm zu immer höheren Stufen, höheren
Bereichen des Glücks. Dann seid ihr religiös und dann
werden eure Tempel zu Orten der Festlichkeit und
eure Kirchen werden nicht mehr so hässlich und traurig dastehen, so dunkel und tot wie Friedhöfe. Dann
werden sie voll sein von Lachen, von Gesang und es
wird ein großer Jubel herrschen.
Die Religion hat sehr gelitten unter diesen Predigern
der Selbstfolter. Die Religion muss von all dem Unsinn
gereinigt werden. Viel Unrat ist heute mit der Religion
vermengt.
Religion ist ihrem Wesen nach nichts anderes als
Freude. Folglich ist alles gut, was dir Freude macht.
Und was dich unglücklich, elend oder traurig macht,
ist Sünde. Lasst das zu eurem Maßstab werden. Und
ich gebe euch keine starren Regeln, weil ich weiß, wie
der menschliche Verstand funktioniert. Wenn erst einmal eine starre Regel gegeben wird, vergisst du deine
eigene Wachheit und fängst an, die Regel zu befolgen.
Auf eine starre Regel kommt es nicht an. Ihr würdet
nur der Regel folgen und nicht mehr wachsen.

Hört euch ein Paar Anekdoten an:

Karl kommt nach Hause und findet in der Küche einen Riesenhaufen von zerbrochenem Geschirr vor.

„Was ist denn hier passiert?", fragt er seine Frau.

„Irgendetwas stimmt nicht mit meinem Kochbuch", erklärt sie. „Da steht, dass zum Abmessen schon eine alte Tasse ohne Henkel genügt – und elfmal hab ich versucht, den Henkel abzuschlagen, aber jedes Mal ist die Tasse mit draufgegangen."

Wenn das Kochbuch es vorschreibt, dann muss es eben so gemacht werden. Der menschliche Verstand ist beschränkt – vergesst das nicht. Wenn ihr erst eine starre Regel habt, befolgt ihr sie auch stur.

Willi Wichtig empfing heute den Besuch der kleinen Leute; sein Wort war Gesetz. Die Türklingel ging und der Diener öffnete. Er kannte den Besucher und ließ ihn ein.

„Lassen Sie bitte Ihren Schirm bei der Tür", sagte der Diener.

„Ich hab keinen", sagte der Besucher.

„Dann gehen Sie wieder nach Hause und holen sich einen. Der Chef hat gesagt, dass jeder seinen Schirm an der Tür zurücklassen muss. Sonst darf ich niemanden einlassen."

Vorschrift ist Vorschrift.

Ich gebe euch nie starre Regeln, weil ich weiß, wie dumm der menschliche Verstand ist und sein kann. Ich gebe euch nur ein Gefühl, einen Sinn dafür, wo's langgeht. Seid bewusst und lebt durch Bewusstheit.

Gewöhnlich lebt ihr ein sehr unbewusstes Leben. Ihr esst zu viel, weil ihr unbewusst seid, ihr wisst nicht, was ihr tut. Ihr werdet eifersüchtig, ihr werdet herrschsüchtig, denn ihr seid unbewusst und wisst nicht, was ihr tut. Ihr werdet verrückt vor Wut, ihr lasst euch regelrecht vom Teufel reiten, wenn ihr vor Wut tobt, und ihr tut Dinge, von denen ihr gar nicht wisst, dass ihr sie tut.

Jesus sagte am Kreuz – es waren seine letzten Worte und von ungeheurer Bedeutung – er sagte:
„Vater, vergib ihnen, denn sie wissen nicht, was sie tun." Nun hat aber die Christenheit diese ungeheuren Worte niemals richtig gedeutet. Was Jesus sagt, ist eine einfache Botschaft: „Diese Menschen sind unbewusst. Sie haben keine Ahnung, was Bewusstsein ist, also kann man sie auch nicht verantwortlich machen. Ganz gleich, was sie tun, sie tun es im Schlaf; sie sind Schlafwandler. Bitte vergib ihnen. Man kann sie nicht verantwortlich machen."
Wenn einer von euch also zu viel isst, dann bete ich zu Gott: „Vater, vergib ihm. Er weiß nicht, was er tut."
Die wahre Frage ist nicht, was du tust, sondern ob du dein Wesen von Bewusstheit erhellen lässt – und dieses Bewusstsein wird dann alles ändern.

Ich habe gehört: Paul erzählte Peter, dass er zu einer Totenwache gehen wolle, und Peter bot an, ihn zu begleiten. Unterwegs schlug Peter vor, einen zu heben und bald waren sie randvoll. Danach wusste Paul nicht mehr die Adresse.

„In welchem Haus ist denn dein Freund aufgebahrt?".
fragte Peter. „Ich weiß nicht mehr die Hausnummer,
aber das hier ist ganz bestimmt die richtige Straße."
Nach ein paar Minuten blinzelte Paul ein Haus an und
meinte, das wäre es. Sie stolperten in das Haus hinein,
aber der Flur war dunkel. Sie öffneten die Tür und
kamen in ein Wohnzimmer, das ebenfalls dunkel war,
bis auf den schwachen Schimmer von einigen Kerzen,
die auf dem Klavier standen. Sie gingen zum Klavier,
knieten nieder und beteten. Peter blieb aber noch
lange genug stehen, um einen Blick auf das Klavier zu
werfen.

„Paul", sagte er, „ich habe deinen Freund nicht ge-
kannt, aber das muss ich sagen, er hat 'ne Menge
prächtige Zähne gehabt."

Das ist eure Situation. So sind die Menschen. Das
Einzige, was ich euch gerne geben möchte, ist eine
Prise Bewusstheit. Das wird euer ganzes Leben verändern. Es geht nicht darum, euch zu disziplinieren, sondern darum, in euch ein Licht anzustecken.

DER TRICK DER SOZIALEN PRÄGUNG

WER IN EINER Jaina-Familie zur Welt kommt, dem werden nicht vegetarische Speisen von Anfang an abgewöhnt. Eine permanente Konditionierung...

Ich wurde in eine Jaina-Familie hineingeboren: Von Kindesbeinen an wurde mir eingetrichtert, dass es eine Sünde sei, nach Sonnenuntergang noch zu essen.

Ich muss etwa achtzehn gewesen sein – bis dahin hatte ich noch nie nachts etwas gegessen – als ich mit ein paar Freunden einen Ausflug machte. Sie alle waren Hindus und hatten keine Lust, tagsüber etwas zu essen zu kochen. Hmm – der Tag war zu schade dafür, oben im Gebirge war alles so faszinierend und schön! So war ich der Einzige, der am Tag etwas essen wollte; aber das interessierte keinen, da musste ich natürlich klein beigeben. Den ganzen Tag lang sind wir durchs Gebirge geklettert ... Ich war hundemüde und hatte einen Mordshunger, als sie anfingen zu kochen. Die Versuchung war enorm: die verlockenden Gerüche, dazu meine Müdigkeit vom Tag... ich konnte nicht widerstehen.

Aber in meinem Kopf begann ich zu argumentieren: „Wenn all diese Leute zur Hölle fahren, okay, dann fahr ich halt mit! Und überhaupt: nur dies einzige Mal! Das wird ja wohl keine so große Sünde sein ..."

Aber mein ganzes Wesen sträubte sich dagegen, schließlich war mir achtzehn Jahre lang eingebläut worden, dass Essen bei Nacht die schlimmste Sünde sei.

Noch zauderte ich ... sie kochten noch ... die Düfte wurden immer stärker. Und dann luden sie mich ein. Ich konnte nicht mehr. Tief drinnen war Widerwillen –

aber ich aß mit. Ihr werdet lachen: Die ganze Nacht über bekam ich kein Auge zu. Dreimal musste ich mich übergeben. Es war ein Alptraum. Und alle anderen schliefen und schnarchten vor sich hin und ich begriff nicht: „Wenn wir uns alle versündigt haben, warum bleiben *sie* dann verschont? Warum werde nur ich bestraft?"

Solange ich nicht restlos alles, was ich gegessen hatte, wieder von mir gegeben hatte, konnte ich in der Nacht keine Ruhe finden.

Und natürlich kam es mir an jenem Tage so vor, als hätten die Jainas Recht. Ich war bestraft worden, auf der Stelle bestraft worden.

Seht ihr den Trick der sozialen Prägung? Dabei hatte ich das Gefühl, da spräche mein eigenes Herz!

Was da sprach, war durchaus nicht mein eigenes Herz, es hatte nichts mit meinem eigenen Herzen zu tun: Da sprach die implantierte Vorstellung, die Elektrode, die ständig arbeitete und Ärger machte. So funktionieren Autorität, der Staat, die Priester.

EINE FRAGE DER ÄSTHETIK

Warum gibt es hier nur vegatarische Kost

DIE FRAGE ist von Yoga Chinmaya. In seinem Kopf muss der Wunsch herumschwirren, Fleisch zu essen. Es muss eine tief verdrängte Gewaltsamkeit dahinter stecken. Die Frage kommt nämlich ausgerechnet von einem Vegetarier, und dabei gibt es hier Hunderte von Nichtvegetariern. Das mag absurd scheinen, aber so ist es. Der Vegetarier ist kein echter Vegetarier; er hat sich nur unterdrückt. Er verdrängt die Lust Fleisch zu essen.

Aber der Grund, warum hier nur vegetarische Nahrung angeboten wird, hat nichts mit Religion zu tun; es geschieht aus reiner Ästhetik. Ich gehöre nicht zu denen, die glauben, dass man nicht erleuchtet werden kann, wenn man Fleisch isst.

Für mich ist das eine ästhetische Frage. Ich habe das Gefühl, dass Jesus, weil er Fleisch aß, keinen ausgeprägten Sinn für das Schöne gehabt haben kann. Nicht, dass er deshalb nicht richtig religiös gewesen wäre – Jesus ist so absolut religiös wie Buddha. Aber es fehlt ihm eine Dimension.

Ramakrishna fuhr auch noch nach seiner Erleuchtung fort, Fisch zu essen; das ist einfach nur unästhetisch, es sieht ein bisschen abstoßend aus.

Nicht deine Erleuchtung steht also dabei auf dem Spiel, wohl aber dein Feingefühl. Du riskierst deine Menschlichkeit, nicht deine Übermenschlichkeit.

Deshalb also ist das Fleischessen hier nicht erlaubt – und es wird auch nicht erlaubt werden. Es ist eine

Frage der Ästhetik. Wenn du das verstehst, werden dir viele Dinge aufgehen. Alkohol kann hier erlaubt werden, aber nicht Fleisch, weil Alkohol vegetarisch ist, Fruchtsaft, fermentiert, aber dennoch Fruchtsaft. Und manchmal entsteht große Poesie, wenn man sich ein bisschen betrinkt. Das ist also möglich – das muss erlaubt sein.

Omar Khayyam war ein Sufi-Mystiker. Er liebte Wein und Trunkenheit und war einer der erleuchteten Sufis. Aber Fleisch kann nicht erlaubt werden; es ist abstoßend. Allein die Vorstellung, dass du ein Tier tötest, um es aufzuessen, ist unästhetisch. Ich bin nicht dagegen, weil das Tier getötet wird. Das, was in dem Tier wesenhaft ist, wird weiterleben – es kann nicht getötet werden, und das Unwesenhafte wird sowieso sterben, ob du es tötest oder nicht. Daher ist dieser Punkt für mich unerheblich, er ist irrelevant.

Es geht nicht darum, dass du ein Tier getötet hast und dass das Töten Sünde sei – nein! Es geht darum, dass du das Tier getötet hast – du! Nur um zu essen? Wo so gute vegetarische Nahrung erhältlich ist? Wenn vegetarische Kost nicht erhältlich ist, dann ist das etwas anderes. Aber sie ist erhältlich. Warum also? Warum dann also einen Körper zerstören? Und wenn du ein Tier dafür töten kannst, warum dann nicht gleich zum Kannibalen werden? Was ist dann verkehrt daran, einen Menschen zu töten? Das Fleisch eines menschlichen Körpers wird dir mehr zusagen! Warum nicht anfangen, Menschen zu essen?

Auch das ist eine Frage der Ästhetik.
Die Tiere sind unsere Geschwister, weil der Mensch
von ihnen abstammt. Sie gehören zur Familie. Einen
Menschen zu töten bedeutet nur, ein entwickeltes Tier
zu töten und umgekehrt tötet man im Tier jemanden,
der noch nicht so weit entwickelt, aber schon unterwegs ist.
Es ist ein und dasselbe, ob du ein Kind in der ersten
Klasse tötest oder einen jungen Mann mit Universi-
tätsabschluss, das spielt keine Rolle. Die Tiere entwickeln sich zu Menschen und Menschen waren einmal Tiere. Es ist nur eine Frage der Ästhetik. Warum
tötest du nicht deine Frau und isst sie auf, wo sie doch
so schön und süß ist?

Ein Kannibale hatte einen Freund zu Gast und das
Festessen wurde zubereitet. Der Freund hatte noch nie
zuvor so gut gegessen. Er hätte es sich nicht träumen
lassen, dass ihm ein Essen so gut schmecken könnte.
Als er sich verabschiedete, sagte er zu dem Kannibalen: „Das Essen war vorzüglich! Ich habe noch nie
ein Essen so genossen! Wenn ich das nächste Mal
komme, dann koche doch bitte wieder dasselbe
Gericht."
Und der Kannibale antwortete: „Das dürfte schwierig
werden; ich hatte nur eine Mutter."

Warum sollte man nicht seine Mutter, seinen Mann,
sein Kind essen? Köstlich, köstlich! Es ist keine religiö-
se Frage. Ich möchte euch noch einmal daran erinnern:
Es ist eine ästhetische Frage. Ein ästhetischer Mensch

wird dafür sorgen, dass das Leben schön bleibt. Es darf nicht ekelhaft, zum Alptraum werden.

Aber die Frage ist in Chinmayas Kopf aufgetaucht; das deutet auf etwas hin. Er ist Inder und in Indien gibt es Leute, die Vegetarier sind, ohne es wirklich zu sein.
Es kommt nur daher, dass sie in einer vegetarischen Familie geboren wurden, wo es ihnen von Anfang an aufgezwungen wurde. Und sie sind natürlich neugierig und wollen auch andere Dinge ausprobieren – und der Wunsch entsteht ganz von selbst: „Die ganze Welt isst Fleisch; also muss es den Leuten Spaß machen." Der Vegetarier fühlt, dass er sich irgendwie etwas Wichtiges entgehen lässt. Daher die Frage.

Das hat nichts mit Meditation zu tun. Du kannst Fleisch essen und meditieren. Du kannst Fleisch essen und lieben. Es hat auch nichts mit Liebe zu tun. Aber wenn du Fleisch isst, bringst du eine Seite an dir zum Vorschein, nämlich, dass du sehr grobschlächtig bist, sehr primitiv, unkultiviert und unzivilisiert; dass du keinen Sinn dafür hast, wie das Leben sein sollte.
Die Idee des vegetarischen Lebens kommt ursprünglich aus dem Sinn für das Schöne und Feine. Sie wurde mit Religion in einen Topf geworfen und ging so verloren. Man muss sie wieder von dem religiösen Kontext befreien.

Es kommen Leute zu mir und fragen – wie zum Beispiel neulich ein Jain: „Wie kannst du sagen, dass Jesus erleuchtet war? Er war doch Fleischesser!" Seine

Frage ist irrelevant, weil er glaubt, dass Fleischesser nicht erleuchtet werden können. Fleischesser können erleuchtet werden. Und doch zeigt Jesus damit eine gewisse Ungeschliffenheit. Vielleicht war es für ihn nicht möglich. Vielleicht lebte er unter Leuten, die alle Fleischesser waren. Es wäre schwierig für ihn gewesen, als Vegetarier zu leben. Es wäre ihm fast unmöglich gewesen. Er musste es in Kauf nehmen.

Aber vergesst nicht, dass mein ganzer Ansatz der ist, nichts auszulassen, alles, was auf dem Weg liegt, mit einzuschließen. Meditation ist ebenso notwendig wie Poesie, Ästhetik, Religion, Musik, Kunst. Der Mensch muss sich in vielen Dimensionen, auf eine alles umfassende Weise entwickeln. Dann kommt es zum allerhöchsten Aufblühen: Alle Blütenblätter haben sich geöffnet. Und umso mehr Freude und Segen wird dir dein Leben geben.

Franz von Assisi war weit ästhetischer als Jesus. Und daher gibt es die Geschichten über ihn, wie die Vögel kamen und sich auf seine Schulter setzten, dass Fische aus dem Fluss sprangen, um ihn zu sehen. Er fühlte eine Art tiefer Verwandtschaft zum Reich der Tiere. Und auch zu Bäumen sprach er oft, nannte sie Schwester oder sagte Bruder zu Vögeln, zur Sonne, zum Mond.

Das hätten Jesus oder Mohammed nicht gekonnt. Es wäre ihnen unmöglich gewesen. Und trotzdem sage ich, sie waren erleuchtet, nur lässt ihre Erleuchtung eine Dimension vermissen – ästhetisches Feingefühl. Warum soll man es beiseite lassen? Warum nicht alles mit einschließen, warum nicht auf allen möglichen Wegen erleuchtet werden? Warum nicht in deiner Gesamtheit?

DER MENSCH IST DAS einzige Lebewesen, dessen Ernährungsweise nicht festgelegt ist. Bei allen anderen Lebewesen steht die Ernährung fest. Ihre körperlichen Grundbedürfnisse und ihre Natur bestimmen jeweils, was sie essen dürfen und was nicht, wie viel sie essen dürfen und wie viel nicht, wann sie essen und wann sie aufhören müssen. Nur der Mensch ist da absolut nicht festgelegt: Weder verrät ihm seine Natur, was er essen sollte, noch sagt ihm seine Wahrnehmung, wie viel er essen sollte, noch zeigt ihm seine Einsicht, wann er mit dem Essen aufhören sollte. Da keine dieser menschlichen Eigenschaften festgelegt sind, ist das Leben der Menschen bisweilen abenteuerliche Wege gegangen. Aber sobald er auch nur eine Spur von Einsicht hat, sobald der Mensch anfängt, auch nur mit einer Spur von Intelligenz, mit einer Spur von Bedachtsamkeit zu leben, seine Augen auch nur ein wenig aufzumachen, ist es überhaupt nicht schwer, zur richtigen Ernährungsweise zu finden. Es ist ganz leicht – nichts könnte leichter sein. Aber was heißt ‚eine richtige Ernährungsweise'?

Hier gibt es zweierlei zu berücksichtigen. Erstens: Was sollte man essen und was nicht?

Der menschliche Körper besteht aus chemischen Elementen; alle Körperprozesse sind ausgesprochen chemisch. Wenn in einen Menschen Alkohol eindringt, wird sein Körper von dieser Chemikalie beeinflusst: Er wird berauscht, wird unbewusst werden. Der Betreffende mag noch so gesund, noch so friedfertig sein – die Chemie des Rauschmittels wird seinen Körper beeinflussen. Egal wie fromm ein Mensch sein mag – wenn ihm Gift verabreicht wird, muss er sterben.

Sokrates starb an Vergiftung und Gandhi starb durch eine Pistolenkugel. Der Kugel ist nicht bewusst, ob sie einen Heiligen oder Sünder trifft, und auch Gift kann nicht zwischen einem Sokrates oder einem gewöhnlichen Sterblichen unterscheiden. Genauso wenig erkennen Schadstoffe, Rauschmittel und Gifte, ja nicht einmal deine Nahrungsmittel, wer oder was du bist. Sie kommen schnurstracks zum Ziel – sie dringen in die Körperchemie ein und tun dort ihr Werk. Auf diese Art und Weise fängt jedes Rauschmittel an im Bewusstsein des Menschen Schaden anzurichten und Störungen zu verursachen. Jede Art von Nahrung, die den Menschen in irgendeiner Weise unbewusst macht, jede Art von Erregung, jede Art von Extrem, jede Art von Störung richtet Schaden an. Und der tiefste, der schlimmste Schaden tritt dann ein, wenn diese Dinge erst einmal bis zum Nabel vordringen.

Vielleicht ist euch nicht bekannt, dass überall auf der Welt die Naturheilkunde Schlammpackungen, vegetarische Ernährung, leichte Kost, feuchte Umschläge und Wannenbäder verschreibt, um den Körper zu heilen. Aber kein Naturheilkundler hat bis heute begriffen, dass die lindernden Auswirkungen von feuchten Umschlägen, Schlammpackungen und Wannenbädern weniger mit deren speziellen Eigenschaften zu tun haben, als vielmehr damit, dass sie sich auf das Nabelzentrum auswirken. Und das Nabelzentrum wiederum wirkt auf den restlichen Körper ein. All diese Dinge – der Schlamm, das Wasser, das Wannenbad – wirken sich auf die schlafende Energie im Nabelzentrum aus. Ist diese Energie erst einmal geweckt, beginnt der Betreffende zu gesunden.

Nur weiß die Naturheilkunde selber immer noch nichts davon. Die Naturheilkundler führen diese Heilwirkung direkt auf die Schlammpackungen, die Wannenbäder oder feuchte Umschläge auf dem Bauch zurück! Sie wirken sich heilsam aus, aber das kommt in Wirklichkeit daher, dass sie die Energie im schlafenden Nabelzentrum wecken.

Wenn das Nabelzentrum misshandelt wird, wenn es die falsche Ernährung, die falschen Nahrungsmittel bekommt, dann zieht sich das Nabelzentrum nach und nach zurück und seine Energie wird geschwächt. Nach und nach erschlafft dieses Zentrum und schläft am Ende praktisch ein. Dann sind wir uns dieses Zentrums nicht mehr als Zentrum bewusst. Dann nehmen wir nur noch zwei Zentren wahr: Einerseits den Verstand, durch den ständig die Gedanken ziehen, und andererseits ein Eckchen vom Herz, durch das die Gefühle ziehen. Mit einer tieferen Ebene als diese beiden sind wir nicht in Tuchfühlung. Je leichter also die Speisen sind, desto weniger belasten sie den Körper. Und desto besser die Chancen und desto günstigere Bedingungen für den Antritt eurer inneren Reise.

Für eine richtige Ernährung ist vor allem darauf zu achten, dass sie nicht erregen darf, nicht berauschen darf, nicht belasten darf. Wer richtig gegessen hat, darf sich nicht schwer und benommen fühlen. Aber vermutlich fühlen wir uns alle nach unseren Mahlzeiten schwer und benommen. An solchen Zeichen können wir erkennen, dass wir uns falsch ernähren.

Ein sehr bedeutender Arzt, Kenneth Walker, sagt in

seiner Autobiografie: „Meine Lebenserfahrung hat mir gezeigt, dass nur die Hälfte von dem, was der Mensch gewöhnlich zu sich nimmt, dazu dient, seinen Magen zu füllen; die andere Hälfte dient dazu, den Magen der Ärzte zu füllen. Würden die Leute nur die Hälfte von dem zu sich nehmen, was sie tatsächlich essen, würden sie niemals krank werden. Ja, dann wären überhaupt keine Ärzte mehr nötig!"

Die einen werden krank, weil sie nicht genug zu essen bekommen, und die anderen werden krank, weil sie zu viel zu essen bekommen. Die einen sterben durch Hunger und die anderen durch Völlerei. Und die Zahl der Letzteren übersteigt seit jeher die der Ersteren. Nur sehr wenig Menschen sterben vor Hunger. Selbst wenn jemand vorsätzlich verhungern will, hat er mindestens drei Monate lang keine Aussicht zu sterben. Jeder Mensch kann drei Monate lang ohne Nahrung auskommen. Aber wenn einer sich drei Monate lang überfrisst, hat er keine Aussicht zu überleben.

Es hat Leute gegeben, deren Vorstellungen uns höchst seltsam anmuten. Zum Beispiel den großen Kaiser Nero. Der hatte zwei Ärzte, denen es oblag, ihn nach seinen Mahlzeiten zum Erbrechen zu bringen, sodass er dieselbe Mahlzeit mindestens fünfzehn- bis zwanzigmal genießen konnte. Nach jeder Mahlzeit nahm er ein Mittel ein, das ihn erbrechen ließ, damit er genüsslich weiter essen konnte.

Aber das, was wir heute machen, ist gar nicht so anders. Nero in seinem Palast konnte sich zwei Ärzte leisten, weil er ein Kaiser war. Wir sind zwar keine

Kaiser, aber wir haben gleich in der Nähe Ärzte. Nero brachte sich jeden Tag zum Erbrechen, wir bringen uns alle paar Monate zum Erbrechen. Wir ernähren uns falsch und stopfen alles mögliche Zeug in uns rein. Dann nimmt unser Arzt eine Spülung vor und wir fangen wieder von vorn an mit der falschen Ernährung. Nero war ein weiser Mann – er sah zu, dass er täglich ausgespült wurde. Wir machen das nur alle zwei oder drei Monate. Wären wir ebenfalls Kaiser, würden wir es auch so halten, aber was sollen wir machen – unsere Verhältnisse sind nun einmal nicht so, also kommt es für uns nicht in Frage. Wir lachen über Nero, aber in gewisser Weise unterscheiden wir uns von ihm überhaupt nicht. Langsam werden uns allerdings unsere falschen Essgewohnheiten gefährlich. Sie erweisen sich als sehr kostspielig. Sie haben uns an einen Punkt gebracht, wo wir nur noch irgendwie unser Leben fristen. Unsere Ernährungsweise scheint nicht der Gesundheit zu dienen, vielmehr scheint sie uns krank zu machen. Es ist schon eine bedenkliche Situation, wenn uns unsere Ernährungsweise krank zu machen beginnt! Das ist so, als würde es jeden Morgen, wenn die Sonne aufgeht, schlagartig dunkel werden – das wäre für uns ebenso überraschend und bedenklich. Aber alle Ärzte der Welt sind sich einig darin, dass die meisten Krankheiten des Menschen auf seine falsche Ernährungsweise zurückzuführen sind.

Das Allererste ist also, dass jeder Einzelne sich sehr umsichtig und bewusst ernähren sollte. Und besonders gilt das für jeden, der meditiert. Für ihn ist es unerlässlich, genau darauf zu achten, was er isst, wie viel er isst und wie es sich auf seinen Körper aufwirkt. Wer da ein paar Monate lang mit Bewusstheit experimentiert, wird mit Sicherheit herausfinden, welche Ernährungsweise für ihn die richtige ist, welche Speisen ihm Gelassenheit, Frieden und Gesundheit bescheren. Da gibt es keine wirklichen Probleme; aber ihr seid nur deshalb nie in der Lage die richtige Ernährungsweise für euch herauszufinden, weil ihr nie weiter darauf achtet, was ihr eigentlich esst.

Noch etwas, was das Essen betrifft: Die innere Verfassung, mit der ihr esst, ist sehr viel wichtiger, als das, was ihr esst. Wenn ihr voll Freuden und fröhlich esst, wirken sich die Speisen ganz anders auf euch aus, als wenn ihr voll Traurigkeit vor euch hinmümmelt.
Wenn ihr in einer kummervollen Verfassung esst, dann ist selbst die beste Speise noch Gift für euch. Und wenn ihr mit Freuden esst, dann kann es vorkommen, dass selbst Gift nicht seine volle Wirkung tun kann – durchaus möglich!

Also: Auch die innere Verfassung beim Essen ist wichtig. In Russland gab es einen bedeutenden Psychologen namens Pawlow. Er experimentierte mit Tieren und kam zu einem erstaunlichen Ergebnis. Er hatte sowohl Katzen wie Hunde als Versuchstiere. Er gab einer Katze zu essen und beobachtete die Katze durch einen Röntgenapparat, um festzustellen, was in ihrem Magen vorging, nachdem sie gefressen hatte. Sobald die Nahrung den Magen erreichte, wurden Verdauungssäfte ausgeschieden. Im selben Moment erschien ein Hund im Blickfeld der Katze. Sobald der Hund bellte, erschrak die Katze und das Röntgenbild zeigte, wie in der Katze die Ausscheidung der Verdauungssäfte innehielt: Der Magen verschloss sich, krampfte sich zusammen. Dann wurde der Hund wieder weggeführt, aber ihr Magen blieb noch sechs Stunden lang in diesem Zustand. Der Verdauungsvorgang setzte erst sechs Stunden später wieder ein – so lange blieb die Nahrung unverdaut im Magen liegen! Als der Verdauungsprozess nach sechs Stunden wieder einsetzte, war die Nahrung in keinem verdaubaren Zustand mehr; sie hatte sich verfestigt und war kaum noch zu verdauen. Sobald sich die Katze über die Anwesenheit des Hundes Sorgen machte, stand der Verdauungsprozess still.

Was soll man dann erst von euch sagen? Ihr macht euch rund um die Uhr Sorgen! Es ist ein Wunder, wie die Nahrung, die ihr aufnehmt, überhaupt je verdaut wird, wie die Schöpfung das schafft – euch zum Trotz! Ihr habt keinerlei Lust sie zu verdauen. Es ist ein absolutes Wunder, dass sie verdaut wird. Und wie ihr so am Leben bleibt, ist ebenfalls ein Wunder.

Ihr solltet innerlich gesammelt und zufrieden essen. Aber seht euch an, wie es bei euch zu Hause zugeht: Der Esstisch steht in der düstersten Ecke! Die Frau wartet den ganzen Tag nur darauf, dass ihr Mann zum Essen nach Hause kommt. Und wenn dann der Mann endlich isst, redet sie sich all den emotionalen Schrott von der Seele, der sich in den letzten vierundzwanzig

Stunden in ihr angestaut hat. Sie hat keine Ahnung, dass sie sich damit wie ein Feind gebärdet. Sie hat keine Ahnung, dass sie ihrem Mann damit Gift auf dem Teller serviert.

Der Mann hat nach der langen Tagesarbeit auch seine Ängste und Sorgen. Er schlingt irgendwie sein Essen hinunter und sucht dann das Weite. Er hat keine Ahnung, dass dieser Akt, den er so schnell wie möglich hinter sich bringen wollte und vor dem er regelrecht geflohen ist, ein Akt voller Andacht hätte sein müssen. Eine solche Handlung darf man nicht übereilen. Sie hätte eher so verrichtet werden sollen, wie wenn man einen Tempel betritt, wie wenn man zum Gebet niederkniet, wie wenn man sich hinsetzt, um auf den Saiten seiner Veena zu spielen oder ein Lied für die Geliebte anzustimmen. Ja, dieser Akt ist sogar noch wichtiger als dies alles: Gibt er nicht dem eigenen Körper Nahrung?! Das sollte in einem Zustand größter Zufriedenheit geschehen. Das sollte ein Akt der Liebe und der Andacht sein.

Je zufriedener und fröhlicher und je entspannter und sorgloser jemand beim Essen sein kann, desto mehr wird seine Speise zur ‚richtigen Speise' werden.

Sich gewaltsam zu ernähren heißt nicht nur, dass der Mensch nicht vegetarisch isst: Gewaltsam kann die Ernährung allein schon dadurch werden, dass man wütend isst. Das eine ist so gewaltsam wie das andere. Wer voller Wut, voller Leid, voller Sorgen isst, der isst ebenfalls gewaltsam. Auch wenn der Mensch dies vielleicht gar nicht weiß: Es ist genauso gewaltsam tieri-

sches Fleisch zu essen, wie sein eigenes Fleisch innerlich vor lauter Wut oder Angst zu verzehren. Auch
dann ist Gewalt am Werke. Auch dann kann seine
Ernährungsweise nicht gewaltfrei sein.

Zu einer richtigen Ernährung gehört auch, sein Essen
in einem sehr friedlichen, einem sehr freudigen
Zustand zu sich zu nehmen. Wenn man sich nicht in
einem solchen Zustand befindet, dann ist es besser zu
warten, bis es wieder so weit ist, und eine Weile gar
nichts zu essen. Seine Mahlzeiten sollte man immer
nur dann einnehmen, wenn man in völliger Auf-
nahmebereitschaft ist. Und wie lange dauert es, bis die
Bereitschaft wieder da ist? Wenn ihr die Geistesgegen-
wart besitzt abzuwarten, kann sie höchstens einen Tag
lang ausbleiben. Nur habt ihr euch nie die Mühe
gemacht, darauf Acht zu geben. Ihr habt aus eurer
Nahrungsaufnahme eine regelrechte Routine gemacht.
Ihr stopft euer Essen in euch hinein und steht dann
wieder vom Esstisch auf. Die Seele spielt dabei keine
Rolle mehr – und das ist gefährlich.

Auf der körperlichen Ebene also sollte die richtige
Ernährungsweise gesund, nicht aufreizend und gewaltfrei sein; auf der psychologischen Ebene sollte man in
einer zufriedenen, liebenswerten und freudigen Verfassung sein und auf der seelischen Ebene sollte ein
Gefühl der Dankbarkeit da sein – dass man es durchaus zu schätzen weiß!

Diese drei Dinge zusammen machen das Essen zum
richtigen Essen. Man sollte dabei das Gefühl haben:
„Wieder einmal habe ich heute etwas zu essen; dafür

bin ich dankbar. Wieder ist mir ein Tag Leben geschenkt worden und das erfüllt mich mit ungeheurem Dank. Diesen Morgen bin ich wieder lebend erwacht, wieder hat mir heute die Sonne ihr Licht geschenkt; wieder werde ich heute den Mond sehen; ich bin immer noch am Leben! Es war keineswegs selbstverständlich, dass ich auch den heutigen Tag noch erleben durfte, ich hätte heute auch schon im Grabe liegen können – aber noch einmal ist mir das Leben geschenkt worden. Ich habe es nicht verdient, es ist mir umsonst beschert worden."

So viel Dankgefühl, so viel Erkenntlichkeit zumindest sollte in deinem Herzen sein – dafür, dass du zu essen hast, dass du zu trinken hast, dass du atmest. Für all dies solltest du ein Gefühl der Dankbarkeit haben. Dem ganzen Leben gegenüber, der ganzen Welt gegenüber, dem Göttlichen gegenüber sollte ein Gefühl des Dankes da sein: „Ich habe wieder einen Tag zu leben geschenkt bekommen. Wieder einmal habe ich etwas zu essen erhalten. Wieder darf ich einen Tag lang die Sonne sehen, auf die blühenden Blumen schauen. Ich bin heute wieder lebendig."

Zwei Tage, ehe der Tod Rabindranath Tagore ereilte, schrieb dieser noch folgende Zeilen:
„Herrgott, wie bin ich dankbar! Oh Gott, wie soll ich nur meinen Dank ausdrücken? Du hast mir dieses Leben geschenkt, dessen ich in keiner Weise würdig war. Du hast mir den Atem geschenkt, ohne dass es mir zugestanden hätte, zu atmen.

Du hast mir Erfahrungen von Schönheit und Seligkeit beschert, die ich überhaupt nicht verdient hatte. Ich bin ja so dankbar. Ich bin überwältigt von deiner Gnade. Und was ich in diesem geschenkten Leben an Leid, an Schmerzen, an Sorgen erlitten habe, das habe ich mir selbst zuzuschreiben, denn dies dein Leben ist allzu beseligend!

All das muss ich mir selber eingebrockt haben. Ich bitte dich also gar nicht darum, mir Befreiung von dieser Welt zu gewähren. Sofern du mich dessen für wert hältst, schicke mich bitte immer wieder in dieses Leben zurück:

Dies dein Leben ist so beseligend und ich danke dir dafür bis auf den Grund meines Herzens."

Dieses Gefühl, dieses Gefühl der Dankbarkeit sollte in allen Lebensbereichen vorherrschend sein – und vor allem dort, wo es um eure Ernährung geht. Nur auf diese Weise kann eure Ernährung zur richtigen Ernährung werden.

ESSEN UND SEXUALITÄT

ESSEN UND SEXUALITÄT sind eng miteinander verwandt; sie sind von Anfang an sehr eng miteinander verbunden. Nahrung ist notwendig für das Überleben des Individuums und Sexualität ist notwendig für das Überleben der Spezies. Sex ist wie Nahrung für die Spezies und Nahrung ist wie Sex fürs Individuum. Ohne Nahrung stirbt das Individuum und ohne Sexualität stirbt die Spezies.

Wenn du anfängst deine Sexualität zu unterdrücken, dann findet ganz natürlich eine Verschiebung von der Liebe zur Leibspeise statt! Das ist kein Zufall.
Schaut euch ein Bild von Swami Shivananda Maharaj an. Sein ganzes Leben hat er über Yoga und Meditation gesprochen, aber wenn man sein Bild sieht, meint man, er war ununterbrochen am Essen. Er konnte nicht mehr gehen – er wurde so dick. Er konnte nicht einmal seine eigenen Hände heben; sie wurden so schwer, dass zwei Leute seine Hände tragen mussten!
Und hast du schon mal die Statue oder ein Bild von Muktanandas Guru Nityananda gesehen? Dieser Mann stellt alle Swamis und Mahatmas aller Zeiten in den Schatten. Die Statue von Nityananda… Einmal kam ich bei Muktanandas Ashram vorbei und er lud mich ein reinzukommen. Ich ging mit, um mich mal umzusehen. Er zeigte mir Nityanandas Statue und ich sagte zu ihm – und seither ist er sehr böse – ich sagte: „Dieser Mann ist wirklich ein Wunder!" – Er sagte: „Wovon sprichst du?" – Er muss gedacht haben, ich rede von Siddhis und Yoga-Kräften.

Ich sagte: „Bitte, verstehe mich nicht falsch. Dieser Mann ist ein Wunder, ich habe schon dicke Leute mit großen Bäuchen gesehen, aber sie waren noch keine Wunder – diese Leute hatten einen Bauch. Aber hier ist es genau umgekehrt – der Bauch hat den Mann! Der Mann scheint nur ein Anhängsel zu sein, nur irgendwie drangefügt; der Bauch ist die Hauptsache!"
Interessiere dich also nicht so sehr für's Mittagessen; es ist gefährlich! Solange *Brahmacharya*, sexuelle Enthaltsamkeit, nicht von alleine geschieht, als Folge von tief gehender Bewusstheit – wird sie sich auf die eine oder andere Weise zeigen; sie wird versuchen, ein Ventil zu finden. Und Essen liegt sehr nahe.

Kinder beginnen schon frühzeitig, Nahrung und Liebe in Gedanken miteinander zu verknüpfen. Es wird fast zu den zwei Seiten derselben Münze, denn das Kind bekommt Liebe von der Mutter und es bekommt auch Nahrung von der Mutter. Sein Liebesobjekt und sein Nahrungsobjekt sind dasselbe – nicht nur die Mutter, sondern besonders ihre Brust. Die Brust ernährt das Kind und gibt Wärme und das Gefühl von Liebe.
Es ist ein Unterschied: Wenn die Mutter das Kind liebt, fühlt sich die Brust anders an; sie hat eine andere Ausstrahlung. Die Mutter findet es angenehm, wenn das Kind an ihrer Brust saugt; es stimuliert die Sexualität der Mutter. Wenn die Mutter das Kind wirklich liebt, empfindet sie fast so etwas wie orgasmische Freude. Ihre Brüste sind sehr empfindsam; sie sind die erogensten Zonen des Körpers. Sie fängt zu glühen an und das Kind kann es fühlen, das Kind spürt, wenn die

Mutter es genießt. Sie füttert es nicht nur, sondern genießt es auch. Aber wenn die Mutter die Brust nur aus Pflichtgefühl gibt, dann ist die Brust kalt; es ist keine Wärme vorhanden. Die Mutter ist unwillig, sie ist in Eile. Sie will dem Kind die Brust so schnell wie möglich wieder wegnehmen und das Kind fühlt das. Es ist deutlich spürbar, dass die Mutter kalt ist, dass sie lieblos ist, dass sie nicht warm ist. Sie ist nicht wirklich eine Mutter. Das Kind scheint unerwünscht zu sein; es fühlt sich unerwünscht.

Das Kind fühlt sich nur dann erwünscht, wenn die Mutter es genießt, das Kind an die Brust zu nehmen, wenn es fast eine Liebesbeziehung wird, eine orgasmische Beziehung. Nur dann fühlt das Kind Liebe von der Mutter, fühlt es sich von der Mutter gebraucht. Und von der Mutter gebraucht zu werden heißt von der Existenz gebraucht zu werden, denn die Mutter ist seine ganze Existenz. Es kennt die Existenz durch die Mutter. Und so, wie es die Mutter erlebt, so wird es auch die Welt erleben.

Ein Kind, das von seiner Mutter nicht geliebt wird, wird sich von der Existenz entfremdet fühlen; es wird sich als Außenseiter, als Fremder fühlen. Es kann nicht an Gott glauben, es hat kein Vertrauen in die Existenz. Es hat ja nicht einmal seiner eigenen Mutter vertrauen können, wie kann es irgendjemand anderem vertrauen? Vertrauen wird unmöglich. Es zweifelt, es ist misstrauisch: Es ist ständig auf der Hut, ängstlich, vorsichtig. Es sieht überall Feinde, Konkurrenten. Es hat Angst, zerdrückt und beherrscht zu werden. Die Welt erscheint ihm überhaupt nicht als Zuhause. Es kann nicht religiös sein, vergiss das nicht.

Religion entsteht, der erste Geschmack von Religion entsteht beim Kind durch seine Beziehung zur Mutter. Wenn diese Beziehung vergiftet ist, dann ist etwas schon an der Quelle vergiftet. Dann wird es sehr schwierig, dem Kind Religion näher zu bringen. Dann ist später viel Psychotherapie nötig, dann muss der Mensch einen langen, schwierigen, schmerzhaften Prozess des Zurückgehens durchlaufen, um alle seine hässlichen Erinnerungen aufzulösen, damit er frei werden kann von allen seinen alten Assoziationen. Wenn dies nicht geschieht, wird er sich mit keiner religiösen Einstellung zum Leben anfreunden können.

Wenn die Mutter glücklich ist, wenn sie das Kind gerne säugt, dann wird das Kind niemals zu viel essen, weil es vertraut; es weiß, dass die Mutter immer da ist. Immer, wenn es hungrig ist, werden seine Bedürfnisse gestillt. Es isst niemals zu viel.

Ein geliebtes Kind bleibt gesund. Es ist weder zu dünn noch zu dick; es ist im Gleichgewicht. Aber wenn die Mutter kalt ist, wenn sie unwillig ist, dann wird das Kind anfangen, sich zu sehr voll zu stopfen, denn es hat Angst. Wer weiß, ob die Mutter in der nächsten Stunde da sein wird oder nicht? Das Kind füllt sich bis zur Grenze voll; sein Bauch wird immer dicker.

Alle armen Kinder haben dicke Bäuche – einfach deshalb, weil die Mutter zur Arbeit geht und sie sie den ganzen Tag vermissen. Sie kommt abends vielleicht müde und erschöpft nach Hause und ist nicht in der Stimmung, liebevoll und warm zu sein. Das Kind wird als Last empfunden. Und sobald sich die Assoziation des Kindes von der Liebe zum Essen verschoben hat, wird sein ganzes Leben unnötig kompliziert.

Es ist kein Zufall, dass in Indien, wo die Enthaltsamkeit seit Jahrhunderten propagiert und gepriesen wird, die Menschen süchtig nach dem Essen geworden sind. So viele Gewürze findet man sonst nirgendwo auf der Welt und so viele Arten von Speisen. Der Grund liegt darin, dass die Liebe der Menschen Hunger leidet und dass sie sich irgendwie anfüllen müssen, mit Essen voll stopfen müssen.

Zwei Leute mittleren Alters sprechen über das Nachlassen ihrer Libido.

Der eine sagt zum anderen: „Ja, das Essen übernimmt immer mehr die Rolle des Sex als meine Lieblingsbeschäftigung. Nächste Woche lasse ich mir sogar einen Spiegel über dem Küchentisch anbringen!"

Manchmal wenn du sprichst, hab ich die Vision, wie der Grieche Alexis Sorbas zu leben – iss, trink und sei fröhlich, sinnlich und leidenschaftlich, und denke dann, dass dies der Weg ist. Dann wieder fühle ich, dass du den anderen Weg meinst, ruhig, bewusst und unbeweglich zu sitzen wie ein Mönch.

Wer sollen wir nun sein – Sorbas oder Mönch – und wie ist eine Mischung von beiden möglich? Können wir denn beides zugleich sein: Sorbas, der Mensch der Leidenschaften und Wünsche – und Buddha, leidenschaftslos, gelassen und ruhig?

DAS IST die höchste Synthese – wenn Sorbas zu einem Buddha wird. Nicht Sorbas den Griechen suche ich hier hervorzubringen, sondern Sorbas den Buddha.

Sorbas ist wunderschön, aber etwas geht ihm ab. Die Erde ist sein, doch der Himmel fehlt. Er ist erdhaft, verwurzelt, wie eine riesige Zeder, doch er hat keine Flügel. Er kann nicht in den Himmel fliegen. Er hat Wurzeln, aber keine Flügel.

Essen, Trinken, Lustigsein ist an sich völlig in Ordnung; daran ist nichts verkehrt. Aber es genügt nicht. Du wirst es bald leid. Man kann nicht einfach immer nur essen, trinken und scherzen. Das Freudenfest verwandelt sich bald in ein Sorgenfest, weil es sich ständig wiederholt. Nur ein sehr mittelmäßiger Verstand kann sich damit auf die Dauer zufrieden geben. Wenn du nur ein wenig Intelligenz besitzt, wirst du früher oder später die völlige Sinnlosigkeit des ganzen herausfinden. Wie lange kannst du weitermachen mit

Essen, Trinken und Scherzen? Früher oder später muss sich die Frage erheben: „Was soll das ganze eigentlich? Wozu das alles?" Es ist unmöglich, an dieser Frage lange vorbeizugehen. Und wenn du sehr intelligent bist, ist sie immer da, drängt sich hartnäckig auf und hämmert auf deinem Herzen: „Gib mir die Antwort! – Wozu?"

Und eines muss man bedenken: Es sind nicht die Armen, die Hungernden, die vom Leben frustriert sind, nein. Sie können nicht frustriert werden. Sie haben noch gar nicht gelebt – wie können sie frustriert sein? Sie haben noch Hoffnungen. Ein armer Mann hat immer Hoffnungen. Ein armer Mann wünscht sich immer, dass etwas passieren wird; er hofft, dass etwas passieren wird. Wenn nicht heute, dann morgen oder übermorgen. Wenn nicht in diesem Leben, dann im nächsten Leben.

Was glaubst du? Wer sind die Leute, die den Himmel als einen Playboy-Club beschrieben haben? Wer sind sie? – Die Hungrigen, die Armen, die im Leben zu kurz gekommen sind. Sie projizieren ihre Wünsche in den Himmel. Im Himmel, da gibt es Ströme von Wein. . . Wer sind diese Leute, die sich Ströme von Wein ausmalen? Sie müssen hier etwas verpasst haben. Und da gibt es *Kalpavrakshas*-Bäume, die Wünsche erfüllen. Du sitzt unter ihnen, wünschst dir etwas und in dem Moment, in dem du es wünschst, ist der Wunsch erfüllt. Es vergeht nicht ein einziger Augenblick zwischen dem Wunsch und seiner Erfüllung. Es geschieht sofort, augenblicklich.

Wer sind diese Leute? – Die Hungernden, die nicht in

der Lage waren, ihr Leben zu leben. Wie können sie vom Leben frustriert sein? Ihnen fehlt die Erfahrung. Nur durch Erfahrung kommt man dahin, die völlige Sinnlosigkeit zu erkennen. Nur ein Sorbas wird schließlich dazu gelangen, die völlige Sinnlosigkeit zu erkennen.

Buddha war selbst ein Sorbas. Ihm standen all die schönen Frauen seines Landes zu Diensten. Sein Vater hatte für all die schönen Mädchen um ihn herum gesorgt. Er hatte die schönsten Paläste, verschiedene für verschiedene Jahreszeiten. Er hatte allen Luxus, der möglich war, oder in jenen Tagen möglich war. Er lebte das Leben eines Griechen Sorbas – und deshalb war er bereits mit neunundzwanzig völlig frustriert. Er war sehr intelligent. Wäre er mittelmäßig gewesen, dann hätte er weiter darin gelebt. Aber er erkannte bald den Punkt: Es wiederholt sich, es ist immer dasselbe. Jeden Tag isst du, jeden Tag liebst du eine Frau und jeden Tag hatte er neue Frauen zum Lieben. Aber wie lange? Bald hatte er es satt.
Die Erfahrung des Lebens ist sehr bitter. Sie ist nur in der Vorstellung süß. In der Realität ist sie sehr bitter.
Er ergriff die Flucht vor den Palästen und den Frauen und den Reichtümern und dem Luxus und all dem.

Ich bin also nicht gegen Sorbas den Griechen, weil Sorbas der Grieche die Voraussetzung für Sorbas den Buddha ist. Buddha entsteht aus dieser Erfahrung. Ich bin also ganz und gar für diese Welt, weil ich weiß, dass die andere Welt nur durch diese Welt erfahren werden kann. Also sage ich nicht, dass du vor ihr flüchten sollst. Ich werde dir nicht sagen, dass du Mönch werden sollst. Ein Mönch ist einer, der sich gegen Sorbas gekehrt hat. Er ist ein Flüchtling, ein Feigling; er hat vorschnell gehandelt, aus mangelnder Intelligenz heraus. Er ist keine voll entwickelte Persönlichkeit. Ein Mönch ist unentwickelt, gierig – gierig nach der anderen Welt. Er will sie zu früh; die Zeit ist noch nicht gekommen und er ist noch nicht reif.

Lebe in dieser Welt, weil diese Welt Reife, Entwicklung, Vollständigkeit bringt. Die Herausforderungen dieser Welt geben dir Zentrierung, Bewusstheit. Und diese Bewusstheit wird dir zur Leiter. Damit kannst du dich vom Sorbas zum Buddha hin entwickeln.

Aber lass es mich noch einmal wiederholen: Nur Menschen wie Sorbas werden zu Buddhas. Und Buddha war nie ein Mönch. Ein Mönch ist einer, der nie ein Sorbas gewesen ist, einer, der durch Buddhas Worte begeistert wurde. Ein Mönch ist ein Nachahmer; er ist falsch, unecht. Er ahmt die Buddhas nach. Er mag Christ sein, er mag Buddhist sein, er mag Jaina sein – das macht nicht viel Unterschied – aber er ahmt die Buddhas nach.

Wenn ein Mönch aus der Welt fortgeht, geht er im Kampf weg; es ist kein entspanntes Weggehen. Sein ganzes Sein wird von der Welt angezogen. Er kämpft gegen sie an. Er wird gespalten. Eine Hälfte seines Seins ist für diese Welt und die andere Hälfte ist begierig nach der anderen. Er ist zerrissen. Ein Mönch ist schizophren, eine von Grund auf gespaltene Person –

gespalten in das Niedrigere und das Höhere. Das Niedere zieht ihn weiter an, das Niedere wird immer attraktiver, je mehr es unterdrückt wird. Und weil er das Niedere noch nicht durchlebt hat, kann er nicht zum Höheren gelangen. Du kannst nur zum Höheren gelangen, wenn du das Niedere durchlebt hast. Du kannst dir die höhere Welt nur verdienen, indem du durch all die Qualen und Ekstasen der niederen hindurchgehst.

Bevor ein Lotus zum Lotus wird, muss er durch den Schlamm hindurch – dieser Schlamm ist die Welt. Ein Mönch ist vor dem Schlamm geflüchtet, er wird niemals zu einem Lotus werden. Es ist so, als ob ein Lotussame Angst davor hätte, in den Schlamm zu fallen – vielleicht sagt er aus dem Ego heraus: „Ich bin ein Lotussame! Und ich kann nicht in den Schlamm fallen!" Aber dann wird er ein Same bleiben; er wird niemals wie ein Lotus blühen. Wenn er wie ein Lotus blühen will, muss er in den Schlamm fallen, er muss diesen Widerspruch leben. Ohne diesen Widerspruch, im Schlamm zu leben, gibt es kein Darüberhinausgehen.

Du fragst mich: „Manchmal wenn du sprichst, habe ich die Vision, wie der Grieche Alexis Sorbas zu leben – iss, trink und sei fröhlich – sinnlich und leidenschaftlich, und denke dann, dass dies der Weg ist. Dann wieder fühle ich, dass du den anderen Weg meinst, ruhig, bewusst und unbeweglich zu sitzen wie ein Mönch." Nein. Ich werde der Letzte sein, der einen Mönch aus dir macht – warum sonst sind die Mönche und Nonnen so sehr gegen mich? Ich möchte, dass du in der Erde verwurzelt wirst. Ich stimme vollkommen mit Friedrich Nietzsche überein, der sagt: „Ich flehe euch an, meine Brüder, bleibt der Erde treu und glaubt nicht an jene, die von den Hoffnungen einer anderen Welt sprechen!"

Lerne deine erste Lektion des Vertrauens durch Vertrauen in die Erde. Sie ist im Augenblick dein Zuhause! Verlange nicht nach der anderen Welt. Lebe in dieser Welt und lebe in ihr voll Intensität, voll Leidenschaft; lebe in ihr voll Totalität, mit deinem ganzen Sein. Und aus diesem ganzen Vertrauen heraus, aus diesem Leben voll Leidenschaft, Liebe und Freude heraus wirst du fähig werden, darüber hinauszugehen. Die andere Welt verbirgt sich in dieser Welt.

Der Buddha schläft im Sorbas. Er muss erweckt werden. Und niemand kann dich aufwecken, außer das Leben selbst.

Ich bin hier, um dir zu helfen total zu sein, wo immer du bist. In welchem Stadium du auch bist, lebe dieses Stadium total. Nur durch das totale Ausleben einer Sache transzendiert man sie.

Zuerst werde ein Sorbas – eine Blume dieser Erde – und erwirb dadurch die Fähigkeit, ein Buddha zu werden – die Blume der anderen Welt. Die andere Welt ist nicht getrennt von dieser Welt, die andere Welt ist nicht gegen diese Welt; die andere Welt ist in dieser verborgen. Diese Welt ist nur eine Manifestation der anderen und die andere ist der unmanifestierte Teil von dieser.

DEN MYSTISCHEN TRADITIONEN des Ostens zufolge ist alles, was du zu sein glaubst, nichts anderes als Nahrung. Dein Körper ist Nahrung, dein Verstand ist Nahrung, deine Seele ist Nahrung. Jenseits der Seele gibt es jedoch mit Sicherheit etwas, was nicht Nahrung ist. Dieses Etwas ist bekannt als *Anatta*, Nicht-Selbst. Es ist völlige Leere. Buddha nennt es *Shunya*, die Leere. Es ist reiner Raum. Es beinhaltet nichts als sich selbst; es ist inhaltloses Bewusstsein.

Solange der Inhalt fortdauert, dauert auch die Nahrung fort. Mit Nahrung ist das gemeint, was von außen aufgenommen wird. Der Körper braucht physische Nahrung; ohne sie wird er dahinsiechen. Durch sie überlebt er; er hat nichts als physische Nahrung in sich.

Dein Verstand beinhaltet Erinnerungen, Gedanken, Wünsche, Eifersüchte, Macht-Trips und tausenderlei Dinge. Das ist auch alles Nahrung; auf einer etwas subtileren Ebene ist es Nahrung. Gedanken sind Nahrung. Wenn du nährende Gedanken hast, weitet sich deine Brust. Wenn du Gedanken hast, die dir Energie geben, fühlst du dich gut.

Jemand sagt etwas Gutes über dich, ein Kompliment, und sieh, was mit dir passiert: Du bist genährt. Und jemand sagt etwas Falsches über dich, und beobachte: Es ist, als ob dir etwas weggeschnappt worden wäre; du bist schwächer, als du vorher warst. Der Verstand ist Nahrung in einer subtilen Form. Der Verstand ist nichts anderes als die innere Seite des Körpers; daher berührt das, was du isst, deinen Verstand.

Wenn du nicht vegetarisches Essen isst, wird dein Verstand eine bestimmte Qualität haben; wenn du vegetarisches Essen isst, wird dein Verstand sicherlich eine andere Qualität haben.

Kennt ihr die bedeutsamste Tatsache aus der indischen Geschichte? Indien hat in seiner ganzen zehntausendjährigen Geschichte niemals irgendein Land angegriffen. Niemals – nicht ein einziger aggressiver Akt. Wie ist das möglich? Warum? Die Menschen sind die gleichen hier wie anderswo. Aber es ist einfach so, dass eine andere Art von Körper einen anderen Verstand hervorgebracht hat.

Du kannst es selbst beobachten. Iss etwas und beobachte; iss etwas anderes und beobachte. Mach dir Notizen und du wirst bewusster werden und es wird dich überraschen herauszufinden, dass alles, was du verdaust, nicht nur physisch ist; es hat auch einen psychologischen Aspekt. Es macht deinen Verstand empfänglich für bestimmte Ideen, bestimmte Wünsche.

Darum hat man seit alters her eine Art von Nahrung gesucht, die den Verstand nicht stärkt, sondern ihm hilft, sich schließlich aufzulösen; eine Art von Nahrung, die, anstatt den Verstand zu stärken, die Meditation, das Nicht-Denken stärkt. Es lassen sich aber keine fix und fertigen Regeln angeben, weil die Menschen verschieden sind und jeder für sich selbst entscheiden muss.

Und beobachte auch, was du in deinen Verstand hineinkommen lässt. Die Leute sind völlig unachtsam; sie lesen immerzu alles und jedes, sie sehen immerzu fern, jedes dumme, blödsinnige Stück. Sie hören immerzu

Radio, sie klatschen und tratschen mit Leuten und alle stopfen sich gegenseitig ständig ihren Müll in die Köpfe. Nur Müll haben sie.

Vermeide solche Situationen, in denen du unnötigerweise mit Müll beladen wirst. Du hast schon zu viel davon, du solltest ihn abladen. Und du sammelst ihn immer weiter an, als ob es etwas besonders Wertvolles wäre.

Rede weniger, höre nur auf das Wesentliche, sei telegraphisch beim Reden und Zuhören. Wenn du weniger redest, wenn du weniger zuhörst, wirst du allmählich erleben, dass eine Sauberkeit, ein Gefühl der Reinheit in dir aufsteigt – so als hättest du gerade ein Bad genommen. Dies wird die Grundlage, dass Meditation entstehen kann.

Lies nicht immer wieder allen möglichen Unsinn.

Ich lebte einmal in einem Haus mit einem verrückten Nachbarn, der sich sehr für Zeitungen interessierte. Er kam jeden Tag, um alle Zeitungen von mir einzusammeln. Wenn er manchmal krank war oder ich nicht zu Hause war, kam er später vorbei. Einmal war ich zehn Tage lang weg. Und als ich zurückkam, kam er wieder, um alle Zeitungen abzuholen. Ich sagte ihm: „Aber die sind jetzt alt – zehn Tage alt."

Er sagte: „Was macht denn das aus? Es ist der gleiche Mist! Nur die Daten ändern sich."

Es muss ein sehr lichter Augenblick im Leben dieses Verrückten gewesen sein. Ja, es gibt sehr verstörte Augenblicke im Leben der so genannten „normalen" Leute und umgekehrt. Er sagte die Wahrheit, indem er bemerkte: „Es ist derselbe alte Unsinn. Aber was macht das schon? Ich habe Zeit und ich brauche was zu tun."

Ich fragte ihn: „Was hast du in diesen zehn Tagen gemacht?" Er sagte: „Ich habe die alten Zeitungen gelesen – wieder und wieder und wieder."

Lass ein paar unbeschäftigte Lücken in deinem Verstand. Diese Momente des unbeschäftigten Bewusstseins sind die ersten Schimmer von Meditation, das erste Eindringen des Jenseits, das erste Aufleuchten des Nicht-Denkens. Und wenn du das zustande bringst, musst du andererseits auch physische Nahrung wählen, die nicht Aggression und Gewalt fördert – Nahrung, die nicht vergiftet ist.

Jetzt stimmen sogar Wissenschaftler damit überein, dass ein Tier, wenn es getötet wird, aus Angst alle möglichen Gifte freisetzt. Der Tod ist nicht leicht. Wenn man ein Tier tötet, beginnt das Tier aus Angst innerlich zu zittern. Das Tier möchte überleben; alle möglichen Gifte werden freigesetzt.

Wenn du Angst hast, schüttet auch dein Körper Giftstoffe aus. Diese Gifte sind hilfreich: Sie helfen dir, entweder zu kämpfen oder die Flucht zu ergreifen. Manchmal geschieht es, dass du in Wut Dinge tun kannst, von denen du niemals geglaubt hast, dass du sie fertig bringst. Du kannst einen Felsen fortbewegen, den du gewöhnlich nicht einmal zum Wackeln gebracht hättest, aber Wut ist da und Gift wird freigesetzt. In Angst können Menschen so schnell rennen, dass sie sogar Olympialäufer hinter sich lassen. Stell dir einmal vor, wie du rennst, wenn jemand mit einem Dolch hinter dir her ist, um dich zu töten. Du wirst dein Bestes geben, dein ganzer Körper wird auf Hochtouren laufen. Wenn ein Tier getötet wird, erfährt es Wut, Angst und Pein. Der Tod schaut ihm ins Gesicht: Sämtliche Drüsen des Tieres schütten vielerlei Giftstoffe aus. Darum ist man heute auf die Idee gekommen, das Tier bewusstlos zu machen, ihm Betäubungsmittel zu geben, bevor man es tötet. In modernen Fleischereien werden Betäubungsmittel eingesetzt. Aber das macht keinen großen Unterschied – der Unterschied ist nur sehr oberflächlich – denn im tiefsten Kern, wohin kein Betäubungsmittel jemals reichen kann, findet die Begegnung mit dem Tod statt. Es ist vielleicht nicht bewusst, das Tier ist sich nicht darüber bewusst, was passiert, aber es passiert wie in einem Traum. Es geht durch einen Alptraum.

Fleisch zu essen bedeutet vergiftete Nahrung zu essen. Vermeide alles, was auf der physischen Ebene vergiftet ist. Und auf der psychischen Ebene sind die Dinge komplizierter. Wenn du denkst, du bist ein Hindu, bist du vergiftet; wenn du denkst, du bist ein Muslim, bist du vergiftet. Wenn du denkst, du bist ein Christ, ein Jain, ein Buddhist, bist du vergiftet. Und du bist langsam vergiftet worden – so langsam, dass du dich daran gewöhnt hast. Du bist süchtig danach.
Es ist dir vom ersten Tag an mit dem Löffel eingegeben worden; aus der Brust deiner Mutter bist du vergiftet worden. Alle Arten von Konditionierungen sind

Gift. Wenn man sich selbst für einen Hindu hält, sieht man sich selbst in einer Frontstellung gegen die Menschheit. Sich selbst als Deutschen, als Chinesen zu sehen bedeutet sich selbst von der Menschheit getrennt zu sehen; es bedeutet feindschaftlich und nicht freundschaftlich zu denken.

Verstehe dich selbst nur als Menschen. Wenn du ein wenig Intelligenz hast, sieh dich selbst nur als gewöhnlichen Menschen. und wenn deine Intelligenz etwas weiter reicht, wirst du sogar das Wort „Mensch" fallen lassen. Du wirst von dir selbst nur als „Sein" denken. Und das Sein umfasst alles – die Bäume und die Berge und die Flüsse und die Sterne und die Vögel und die Säugetiere.

Werde größer, werde grenzenlos. Warum lebst du in Höhlen? Warum kriechst du in kleine dunkle schwarze Löcher? Aber du denkst, dass du in großen ideologischen Systemen lebst. Du lebst nicht in großen ideologischen Systemen, weil es keine großen ideologischen Systeme gibt. Keine Idee ist groß genug den Menschen zu beinhalten. Kein Begriff kann das Sein umfassen. Alle Begriffe hemmen und lähmen.

Sei kein Katholik und kein Kommunist, sei einfach ein Mensch. Das ist alles Gift, das sind alles vorgefasste Meinungen. Seit eh und je bist du durch diese festgelegten Vorstellungen hypnotisiert worden. Sie sind zu einem Teil deines Blutes, deiner Knochen und deines Marks geworden. Du musst sehr wachsam sein, um all diese Vergiftungen loszuwerden.

Dein Körper ist nicht so sehr vergiftet wie dein Verstand. Der Körper ist ein einfaches Phänomen; er kann sehr leicht gereinigt werden. Wenn du bis jetzt von nicht vegetarischer Nahrung gelebt hast, kannst du damit aufhören – das ist keine große Sache. Und wenn du aufhörst Fleisch zu essen, wird dein Körper innerhalb von drei Monaten vollständig frei sein von all den Giften, die durch nicht vegetarisches Essen entstanden. Es ist einfach. Die Physiologie ist nicht sehr kompliziert.

Aber das eigentliche Problem liegt in der Psychologie. Ein Jaina-Mönch isst niemals vergiftetes Essen, isst niemals Nichtvegetarisches. Aber sein Verstand ist verunreinigt und vergiftet vom Jainismus – wie kein anderer. Wahre Freiheit ist Freiheit von jeglicher Ideologie. Könnt ihr nicht einfach ohne irgendeine Ideologie leben? Ist eine Ideologie nötig? Warum ist eine Ideologie so unbedingt nötig?
Sie ist nötig, weil sie euch hilft, unintelligent zu bleiben. Sie ist nötig, weil sie euch vorgefertigte Antworten liefert und ihr sie nicht selbst finden müsst.
Der wirklich intelligente Mensch wird nicht an irgendeiner Ideologie hängen – wozu auch? Er wird kein Bündel vorgefertigter Antworten mit sich herumtragen. Er weiß, dass er genug Intelligenz besitzt, um sich in jeder möglichen Situation zurechtzufinden. Wozu die unnötige Last der Vergangenheit tragen? Welchen Sinn soll das haben?
Und wirklich, je mehr du von der Vergangenheit trägst, desto weniger bist du in der Lage, auf die Gegenwart zu antworten, weil die Gegenwart keine Wiederholung

der Vergangenheit ist; sie ist immer neu, immer, immer neu. Sie ist niemals alt. Sie kann manchmal wie das Alte erscheinen, aber sie ist nicht alt, sie ist grundlegend anders.

Das Leben wiederholt sich nie. Es ist immer frisch, immer neu, immer weiter wachsend, immer entdeckend; es bewegt sich in immer neue Abenteuer. Deine alten fertigen Antworten werden dir nicht helfen. In Wirklichkeit werden sie dich behindern: Sie werden dir nicht erlauben, die neue Situation zu sehen. Die Situation wird neu sein und deine Antwort wird alt sein.

Darum siehst du dem Leben gegenüber so dumm aus. Aber dumm zu bleiben, scheint einfacher zu sein. Intelligent zu sein braucht Anstrengung, intelligent zu sein bedeutet, dass du wachsen musst. Und Wachstum ist schmerzvoll. Intelligent zu sein bedeutet, dass du ständig wachsam und bewusst sein musst; du kannst nicht einschlafen, du kannst nicht wie ein Schlafwandler leben.

Und intelligent zu sein hat noch einige Gefahren mehr. Intelligent zu sein ist sehr schwierig, weil du mit der dummen Masse leben musst. Mit blinden Leuten zu leben und Augen zu haben, ist eine gefährliche Situation: Sie müssen deine Augen zerstören. Sie können dich nicht tolerieren; du bist eine Herausforderung.

Darum wurde Jesus gekreuzigt, wurde Sokrates vergiftet, wurde Al-Hillaj getötet, wurde Sarmad geköpft. Dies waren die intelligentesten Menschen, die jemals auf der Erde gelebt haben. Und wie sind wir mit ihnen umgegangen? Warum musste man einen intelligenten Mann wie Sokrates töten? Man konnte ihn nicht tolerieren. Seine Gegenwart wurde zu einer solchen Herausforderung. In seine Augen zu schauen hieß in einen Spiegel zu schauen. Und wir sind so hässlich, dass wir lieber den Spiegel zerstören und unsere Hässlichkeit ganz und gar vergessen, nur um weiter in unserem alten Traum leben zu können, dass wir die Schönsten auf der Welt sind.

Wir haben Sokrates vernichtet, weil er ein Spiegel war. Daher haben die Leute sich dazu entschieden: Es ist besser, mittelmäßig zu bleiben, es ist besser, unintelligent zu bleiben.

Wenn du deine vergiftete Nahrung änderst, wirst du überrascht sein: Eine neue Intelligenz wird in dir freigesetzt. Und diese neue Intelligenz wird es dir ermöglichen, dich nicht weiterhin mit Unsinn voll zu stopfen.

OSHOS LEHREN widerstehen jeglicher Kategorisierung, sie gehen von der persönlichen Sinnsuche bis hin zu den dringendsten sozialen und politischen Fragen, mit der die Welt heute konfrontiert ist. Seine Bücher sind nicht geschrieben, sondern aus zahllosen Tonband- und Videoaufnahmen transkribiert. Er hat über einen Zeitraum von 35 Jahren vor einer internationalen Zuhörerschaft stets aus dem Stegreif gesprochen. Der Londoner Sunday Times zufolge zählt Osho zu den „1000 Machern des 20.Jahrhunderts"; der amerikanische Romanautor Tom Robbins hat ihn einmal „den gefährlichsten Mann seit Jesus Christus" genannt.

Osho selbst beschreibt sein Werk als „Beitrag, die Voraussetzungen für die Entstehung einer neuen menschlichen Lebensweise zu schaffen". Diesen neuen Menschentypus hat er immer wieder als „Sorbas der Buddha" umschrieben – also ein Menschen, der nicht nur wie Sorbas der Grieche die irdischen Freuden zu schätzen weiß, sondern ebenso sehr die stille Heiterkeit eines Gautam Buddha. Wie ein roter Faden zieht sich durch alle Aspekte von Oshos Arbeit die Vision einer Verschmelzung der zeitlosen Weisheit des Ostens mit den höchsten Potenzialen westlicher Wissenschaft und Technik.

Vor allem seine revolutionären Neuansätze zur Wissenschaft der inneren Transformation haben Osho berühmt gemacht. Denn seine Auffassung von Meditation wird dem rasanten Tempo einer modernen Lebensweise gerecht. Seine innovativen „aktiven

Meditationen" basieren auf dem Gedanken, dass erst der in Körper und Geist angesammelte Stress abgebaut werden muss, um frei von Gedanken und entspannt einen meditativen Zustand zu erfahren.

DAS OSHO MEDITATION RESORT ist ein Platz, an dem
Menschen eine ganz neue Lebensweise erfahren können – geprägt von mehr Bewusstheit, Entspannung und
Lebensfreude. Etwa 100 km südöstlich von Mumbai im
indischen Pune gelegen, hat dieser Platz ein reichhalti-
ges Programm zu bieten; Tausende von Menschen aus
mehr als hundert Ländern weltweit besuchen den Platz
Jahr für Jahr.

Die Stadt Pune, ursprünglich eine Sommerresidenz
für Maharadschas und reiche Briten der Kolonialzeit,
hat sich zu einer blühenden modernen Großstadt entwickelt, die heute eine ganze Reihe von Universitäten
und high-tech Industrien beherbergt. Das Meditation
Resort erstreckt sich über ca. 15 Hektar inmitten eines
von prächtigen alten Baumalleen gesäumten Villenvier-
tels namens Koregaon Park. Das Resort bietet Unter-
kunftsmöglichkeiten auf dem Campus im neuerbauten
Guesthouse; daneben gibt es aber noch ein breites
Angebot an nahegelegenen Hotels und Privatappart-
ments.

Das Programm des Resorts gründet auf Oshos Vision
einer qualitativ neuen Art von Mensch, der nicht nur
sein Alltagsleben schöpferisch zu gestalten vermag,
sondern auch Zugang zu entspannter Stille und Meditation findet.

Praktisch alle Veranstaltungen finden in modernen,
klimatisierten Räumlichkeiten statt. Angeboten werden
u.a. Einzelsitzungen, Kurse und Workshops zu allen
möglichen Themen – von den bildenden Künsten bis
hin zu ganzheitlichen Heilmethoden, von persönlicher
Transformation bis hin zu Therapie, esoterischer Wis-

senschaft, Sport- und Fitnessprogrammen mit ‚Zen'-Akzent, Beziehungsthemen und Angebote für Menschen, die in grundlegenden Veränderungsphasen ihres Lebens sind. Und natürlich gibt es ganzjährlich die täglich stattfindenden Meditationen im Resort.

In den Cafés und Restaurants unter freiem Himmel stehen sowohl Menus der indischen Küche als auch eine breite Palette internationaler Gerichte zur Wahl. Verarbeitet werden nur Gemüse aus organisch-kontrolliertem Anbau von der Farm des Resorts. Der Campus verfügt über sicheres, gefiltertes Wasser aus der eigenenen Trinkwasseranlage.

www.osho.com/resort

DAS BESONDERE VERLAGSPROJEKT

DEUTER
Kirschblütenwolken

HAIKU –
Japanische Gedichte in
Text und Musik

ISBN 978-3-936360-38-7

DEUTER, der schon das *Tao Te King* vertont hat,
begegnet nun mit seinen Kompositionen den
japanischen Haiku, gelesen von Dorothea Gädeke.
Die gelungene Verbindung der Musik Deuters
mit den Haiku, die die Essenz eines Augenblicks
einfangen, verweben sich in wunderbare
Klangräume.

> *„Wieder einmal beweist Deuter,*
> *dass er nicht seinesgleichen hat in der Kunst*
> *meisterhafte Musik zu schaffen,*
> *die die Seele des Menschen zutiefst berührt."*

www.innenwelt-verlag.de